守望出版

张铁钧　著

中国宇航出版社
·北京·

图书在版编目（CIP）数据

守望出版 / 张铁钧著. --北京 ：中国宇航出版社，2023.1

ISBN 978-7-5159-2075-7

Ⅰ. ①守…　Ⅱ. ①张…　Ⅲ. ①编辑工作－出版工作－中国－文集　Ⅳ. ①G232-53

中国版本图书馆 CIP 数据核字(2022)第 208619 号

责任编辑　侯丽平　　　装帧设计　数媒通

出版发行　中国宇航出版社

社　址　北京市阜成路 8 号　邮　编　100830
(010)68768548

网　址　www.caphbook.com

经　销　新华书店

发行部　(010)68767386　(010)68371900
(010)68767382　(010)88100613 (传真)

零售店　读者服务部
(010)68371105

承　印　天津画中画印刷有限公司

版　次　2023 年 1 月第 1 版
2023 年 1 月第 1 次印刷

规　格　710×1000

开　本　1/16

印　张　14.5

字　数　193 千字

书　号　ISBN 978-7-5159-2075-7

定　价　80.00 元

本书如有印装质量问题，可与发行部联系调换

前　言

自1988年参加工作起，我一直从事航空航天新闻出版工作，从一名初出茅庐的新编辑，逐步成长为编辑室主任、副总编辑、总编辑……。到2023年，整整工作了35年，变成了一名老编辑。

临近退休，我把自己发表在各种报纸、杂志、图书上的文章，以及在各种研讨会上交流或给上级单位报送的文章进行了整理，挑选出35篇文章①结集出版，供从事新闻出版工作的编辑参考、借鉴。

科技图书编辑是一种对业务素质要求较高的职业。不仅要精通自身学科的专业技术，还要掌握相关领域的广泛知识；不仅要熟悉各自板块的作者队伍，还要了解图书市场的风云变幻；不仅要具备编辑岗位的职业技能，还要占用超出想象的业余时间；不仅要养成严慎细实的工作作风，还要树立为人作嫁的奉献精神；不仅要确保所出图书的出版质量，还要总结编辑工作的规律经验。有一位同事用“少壮不努力，长大当编辑”来自嘲当编辑的无奈；另一位同事用“仅仅比挖煤的强一点”来形容做编辑的艰辛。

---

① 其中部分文章是与同事合作撰写的，收入本书前，均得到了合作作者的授权；另有自己撰写的一些文章，有的没有公开发表，有的虽然发表了，但因现实意义不大，没有收入本书。

当然，编辑也有自己的成就感。当把作者提交的一部不太成熟的书稿，经过自己的编辑加工、精心设计、反复打磨，变成一本精致、唯美、厚重的图书产品时，那种喜不自胜的心情，只有当编辑的才能体会到。当把编辑出版过程中发现的点滴经验，经过自己的思考、梳理、总结，形成一篇理性、严谨、通达的文章，发表在公开出版的媒体上时，那种价值感、自豪感，也会令人欣喜。

说起来，我成为一名编辑，纯属偶然。

在我1985年大学毕业前夕，国家进行研究生招生制度改革，开始推荐优秀本科毕业生作为免试研究生。我幸运地成为北京航空学院首批免试研究生之一，被从制造工程系推荐到系统工程系。由于系统工程系刚刚恢复，教师比较短缺，系里与我签订了教师培养协议，约定我研究生毕业后，留校任教。

但计划赶不上变化。距离我们这批研究生毕业还有两年多的时间，“远水”解不了教师短缺的“近渴”。于是，系里又从前几届毕业生中，择优挑选了多名研究生作为留校教师。当我毕业时，教师岗位已经满员，遂将我调剂到教材编辑部①担任编辑。

当时，我的志向是，既然当不成教师，就做研究工作。所以在征得系里同意后，我出去联系了几家科研单位，想由留校任教改为自主择业。但是，由于过了毕业生招聘季，很多单位的进人指标已经用完，我做研究工作的梦想未能实现。

我只好回到现实，准备开启自己的编辑生涯。系里负责研究生管理工作的副主任开导我：“其实，做编辑也可以做一些研究工作，《航空知识》

---

① 当时教材编辑部为航空工业部教育司下属机构，由北京航空学院代管，以航空工业出版社名义出版航空教材，后来整建制划归航空工业出版社管理。

的谢础主编，除了自己担任编辑外，也写了很多研究性文章。”当时我想，“三百六十行，行行出状元”。既然命运把自己安排到编辑这个行当，自己就要做个好编辑；只要用心去做，无论在什么岗位，都能做出成绩来。

走上编辑岗位不久，我参加了新闻出版署举办的新编辑培训班。有一次，时任图书司司长杨牧之[①]给我们授课，我向杨司长提了一个问题：“编辑人员可以做一些研究工作吗？”杨司长鼓励我说：“编辑工作有很多问题值得研究，只要你们用心去做，照样会取得研究成果。”

从此，我在编辑工作之余，时刻注意梳理书稿问题、总结编辑经验、提炼出版规律、宣传图书精品、探讨发展思路，使研究、写作工作伴随我从航空工业出版社、中国航空报社到中国宇航出版社的整个编辑生涯。

要想搞研究，首先要在实践中锻炼自己。实践经验丰富了，才能从众多特殊案例中，总结出一般规律，再用于指导实践。如果实践历练不足，缺少研究素材，那就很难开展研究工作了。正如栾恩杰[②]院士所说：“一个人连经历都没有，哪里来的经验呢？”

当然，一位编辑编、审的书稿越多，编辑经验也越丰富。但是，如果让经验仅仅停留在感性阶段，不进行理性思考，使之系统化、条理化、书面化，这样的经验只能是“跟着感觉走”，形不成有效的经验体系，不仅自己的业务能力难以提升，也不能为他人提供参考。还是借用栾恩杰院士的话：“有思考没实践，难有作为；有实践没思考，难有大作为。”

---

①杨牧之后来担任新闻出版署副署长、中国出版集团管委会主任、中国书刊发行业协会会长，现任《中国大百科全书》第三版总主编。

②栾恩杰是我国导弹控制技术和航天工程管理专家，国际宇航科学院院士，中国工程院院士。曾任国防科工委副主任兼国家航天局局长、国家国防科工局科学技术委员会主任、中国探月工程总指挥、中国宇航出版社专家指导委员会主任，现任国防科技工业科技委名誉主任。

我所在的中国宇航出版社，倡导做研究型出版。我认为，每一位编辑人员，都不能满足于当一名加工型的“编辑匠”，而是要立志于做一位研究型的“出版家”。套用一句调侃的话：不想当研究员的研究生，成为不了好编辑。以此与青年编辑共勉。

在本书结集出版过程中，得到了相关文章合作作者的密切配合，他们是：孔凡利、邓宁丰、曹晓勇、艾小军、范占英、彭晨光、吴涛、陈效真、黄道群、杭晓宁、承京、谷平；得到了中国宇航出版社于淼社长、赵岫书记、曹晓勇副社长、徐春梅部长、彭晨光主任，以及责任编辑侯丽平的大力支持。在此，一并向他们表示衷心的感谢！

由于作者水平有限，不妥之处在所难免，恳请读者批评指正！

作　者

2023 年 1 月

目　录

编辑心得

出版刍议

发展思考

图书评论

科普习作

新闻采访

附　录

编辑心得

在编辑工作中，经常会遇到错别字、病句，以及知识性、逻辑性、语法性错误。我们不仅要认真通读、仔细核对，消灭书稿中的差错；还要总结经验、寻找规律，找出错误发生的原因，努力降低差错率，不断提高出版质量。

作为一名编辑，不仅要掌握编辑加工技能，还要具备较强的选题策划能力，同时熟悉著作权法，提高政治意识，保守国家秘密，使出版工作顺利进行。

书稿语病辨析

编辑要爱抠字眼，对于语病要敏感，这是需要培养的职业习惯。以下择取了一些书稿当中的病句进行分析，并与读者共同切磋。

例 1 飞机是在大气中飞行的运载工具，有着许多的特殊要求，决定了飞机机加零件的下列特性。

分析 该例句缺少主语。全句共有三个单句，只有一个主语，即“飞机”。对于前面两个单句，主语都是“飞机”，因此第二个单句可以省略主语。但第三个单句的主语应该是“特殊要求”，如果这里省略主语，使人误以为沿袭前面的主语，造成含义不清。应在“决定”前面加上“这些要求”作主语。

修改 飞机是在大气中飞行的运载工具，有着许多的特殊要求，这些要求决定了飞机机加零件的下列特性。

例 2 监控计算机是监督各机床的工作，并对各机床分配任务。

分析 在该例句中，谓语重复。“是”和“监督”“分配”都是动词，

本文发表于《科技与出版》1993 年第 1 期，发表时标题为《改病句》，收入本书时有少量修改。

作为“监控计算机”的谓语，造成谓语重复。应把“是”改为“用于”，使动宾词组“监督……工作”“分配任务”变为“用于”的宾语。

修改 监控计算机用于监督各机床的工作，并对各机床分配任务。

例 3 指令性工艺文件是直接指导工艺规程设计。

分析 该例句缺少宾语。该句主语是“指令性工艺文件”，谓语是“是”，后面没有宾语。应在句子后面加上“的文件”，使“文件”作宾语、“直接指导工艺规程设计”作“文件”的定语。

修改 指令性工艺文件是直接指导工艺规程设计的文件。

例 4 技术标准是以产品为对象的生产过程作专题规定的技术文件。

分析 在该例句中，状语不完整。应在“以”前面加上“对”，使“对以产品为对象的生产过程”作“作专题规定”的状语。

修改 技术标准是对以产品为对象的生产过程作专题规定的技术文件。

例 5 最后细加工框缘结合槽口、梁结合槽口和结合孔。

分析 在该例句中，名词作了谓语。“细加工”不同于“加工”，“加工”既可作名词，又可作动词，而“细加工”不能作动词，所以不能充当谓语。

修改 最后对框缘结合槽口、梁结合槽口和结合孔进行细加工。

例 6 飞机生产工程是设计制造一体化，不存在协调问题。

分析 在该例句中，主宾搭配不当。“化”是一个表示程度的词，不宜用“是”来表示主宾之间的关系。

修改 飞机生产实行设计制造一体化，不存在协调问题。

例 7 适用于零件呈板式结构。

分析 在该例句中，定语位置不当。“板式结构”实际上是用于修饰“零件”的，应作定语，放在“零件”之前。

修改 适用于板式结构的零件。

例 8 这样既能满足机械强度，又使质量尽可能小。

分析 在该例句中，词语搭配不当。“满足”不能与“强度”搭配，可以用“保证”与“强度”搭配；或者在“强度”后面加上“的要求”，构成“满足……的要求”的结构。

修改 这样既能保证机械强度，又使质量尽可能小。

或 这样既能满足机械强度的要求，又使质量尽可能小。

例 9 机加零件，孔深与孔径之比 *L/D*（简称深径比或长径比）大于 5 的，一般可视为深孔。

分析 在该例句中，主宾搭配不当。此句中，“机加零件”为主语，“孔深……大于 5 的”为后置定语，“深孔”为宾语，这样就成了将“零件”视为“孔”。

修改 在机加零件中，孔深与孔径之比 *L/D*（简称深径比或长径比）大于 5 的孔，一般可视为深孔。

例 10 飞机的生产规模一般属于单件生产或成批生产的范畴。

分析 该例句存在逻辑性错误。合乎逻辑的说法是：“单件生产”“成批生产”属于“生产规模”的范畴。

修改 飞机的生产规模是指单件生产或成批生产。

如何记住易用错的同音字？

在长期的编辑、审稿过程中，发现有一些同音字经常被用错或用混。这些字不仅作者容易用错，而且编辑也常常难以分辨。乍看起来，这些字好像不容易区分，但仔细琢磨，便可找出区分它们的方法。在平时编、审工作的基础上，归纳了一些同音字的区分方法，有助于读者记住这些字的不同用法。

1. 辩、辨

这两个字都是左、中、右结构，其区别在于中间部分的不同，一个是“言（讠）”,一个是“心（类似于“忄”）”。用语言、文字进行的活动用“辩”，如“辩论 ”“辩解”“辩证”。用内心进行的活动用“辨”，如“辨别”“辨认”“辨析”。

2. 辐、幅

这两个字均为左、右结构，其不同在于左偏旁，一个是“车”，一个是“巾”。前者表示车轮中连接车毂和轮辋的一条条直棍儿，也叫“辐条”。

本文发表于《编辑之友》2002 年第 4 期，收入本书时有少量修改。

像辐条一样从中心向各个方向发散的现象叫"辐射"。后者表示布匹的宽度，与面积、尺寸有关系的词语用"幅"，如"幅度""篇幅""振幅"。

3. 挡、档

这两个字均为左、右结构，区别在于左偏旁，一个是"手（扌）"，一个是"木"。两者音同调不同。前者为"上声"，后者为"去声"。前者多用作动词，如"遮挡""拦挡""挡驾"；有时也用作名词，如表示"改变机动车牵引力的装置"时，为"排挡"，简称"挡"，表示仪器光、电、热量的等级时，称为"挡"，如"五挡"。后者为名词，表示带格子的架子或橱子，并有一定的引申意义，如"档案""档次""大排档"等。

4. 浆、桨

这两个字均为上、下结构，不同之处在于下半部分，分别为"水"与"木"。属音同调不同，前者为"阴平"，后者为"上声"。前者表示较浓的液体，如"豆浆""纸浆"。后者表示木制（现已引申为用各种材料制成的）用具，如"船桨""螺旋桨"。

5. 荧、萤

这两个字均为上、中、下结构，不同之处在于下面部分，分别为"火"与"虫"。前者本意为"光亮微弱的样子"，而"荧光"则指"某些物质受光或射线照射时所发出的可见光"，所以"荧光灯""荧光屏"等都用"荧"字。后者指一种昆虫，即"萤火虫"。

6. 即、既

这两个字使用频率很高，也很容易用错。两字音同调不同，前者为"阳平"，后者为"去声"。"即"有"当下"的含义，如"即刻"；还有"就"的意思，如"即使（就算）""即将（就要）"。"既"为"已经"的意思，如"既然（已经这样）""既往（已经过去）"。理解了各自的含义，就不容易用错了。

7. 需、须

“需”是指“需要”，“须”是指“务必”，后者比前者程度高。例如，“病人需（要）卧床休息”，“考生须知（考生必须知道的事项）”。两者与“必”字组合时，前者为形容词，作定语，修饰名词，如“实现目标所必需的知识和技能”；后者为副词，作状语，修饰动词，如“为实现目标必须掌握知识和技能”。

8. 度、渡

这两个字在用作动词时，常被用混。“度”一般用于时间，指“过”，如“欢度春节”“安度晚年”。“渡”一般用于空间，意为“由这一岸到那一岸”，即“通过”，如“渡过黄河”“渡过难关”。需要注意的是，在“渡过困难时期”中，“困难时期”虽然属于时间，但这里比喻“像渡过河一样”，从“此岸”到“彼岸”，因此要用“渡”。

9. 予、预

“予”为上声，表示“给”的意思，如“予以表扬”。“预”为去声，表示“事先”的意思，如“预防”“预告”。注意两者不要用错。

10. 复、覆

“复”的含义较多，如“重复”“恢复”“报复”“再”等。而“覆”则主要指“盖住”和“翻倒”，如“覆盖”“覆灭”，注意此时不要用“复”。

11. 纪、记

“纪”除了用在“纪律”和历史年代（如“世纪”“寒武纪”）以外，其他地方含义同“记”。但习惯上在表示有历史意义的词语时常用“纪”，如“纪念”“纪实”“纪要”“最高纪录”等。其他地方多用“记”，如“记载”“记述”“记忆”“作记录”等。

12. 的、地

这两个字在用作助词时很容易被用混。“的”用在定语的后面，修饰名词。“地”用在状语的后面,修饰动词。如“以认真的态度解决问题”“认真地解决问题”。到底用哪个字，主要看后面的词是名词还是动词。

区别其他同音字也有一定的规律可循，只要您在平时工作中注意总结，找出它们的含义和区别，逐渐摸索出辨别它们的方法，在以后的工作中就不会用错。

小议“的”“地”“得”的用法

虽然“的”“地”“得”的用法在各种出版刊物上经常出现，在编辑培训班上也经常作为重点内容加以讲解，各出版单位也编发了很多手册加以规范，但在审稿过程中，发现出错最多、也是最普遍的，仍是“的”“地”“得”的用法。我在三个出版单位工作过，接触过不少编辑室和众多编辑，发现没有把这个问题搞清楚的大有人在。

“的”“地”“得”均为结构助词，发音相近，但其用法和在句子中的作用却各不相同。

一、“的”的用法

“的”一般用在定语之后，修饰后面的名词。

句式为：（谁的、什么样的）（名词）。

例句 1　这是我（代词作定语）的书（名词）。

例句 2　他们是艺术院校（名词词组作定语）的师生（名词）。

本文为 2015 年 9 月为中国宇航出版社做图书质量讲评时的讲稿，收入本书时有少量修改。

例句 3 她有一个幸福（形容词作定语）的童年（名词）。

例句 4 两队进行了一场激烈（形容词作定语）的比赛（名词）。

二、“地”的用法

“地”一般用在状语之后，修饰后面的动词。

句式为:（怎样地、如何地）（动词）。

例句 5 老虎渐渐（副词作状语）地走（动词）近了。

例句 6 人们高兴（动词作状语）地喊（动词）着。

例句 7 队员们激烈（副词作状语）地进行（动词）比赛。

三、“得”的用法

“得”一般用在动词或形容词之后，后接表示程度或结果的词，作动词或形容词的补语。

句式为:（动词、形容词）得（如何、怎么样）

例句 8 老师说（动词）得很清楚（表示程度）。

例句 9 小丽漂亮（形容词）得很（表示程度）。

例句 10 老张激动（动词）得热泪盈眶（表示结果）。

四、容易混淆的情况

最容易混淆的情况是，当跟在定语之后，修饰后面表示动作的名词时，容易把“的”错用成“地”。

例句 11 他忍着剧烈地疼痛，在与敌人激烈地搏斗。

分析 在例句 11 的前半句中，“疼痛”原本是动词，但在此，“忍着”是动词，而“疼痛”是“忍着”的对象，变成了表示动作的名词，“剧烈”是“疼痛”的定语。因此,此处的“地”应改为“的”。在后半句中,“搏斗”是动词，“激烈”是“搏斗”的状语，故此处用“地”是正确的。

修改 他忍着剧烈的疼痛，在与敌人激烈地搏斗。

例句 12 他的胳膊在剧烈地疼痛，但他仍与敌人进行激烈地搏斗。

分析 在例句 12 的前半句中,“胳膊”是主语,“疼痛”为动词,做“胳膊”的谓语,“剧烈”是“疼痛”的状语。因此,此处应用“地”。而在后半句中,“进行”为动词，做“他”的谓语，“搏斗”是“进行”的对象，变成了表示动作的名词，“激烈”为“搏斗”的定语。故此处的“地”应改为“的”。

修改 他的胳膊在剧烈地疼痛，但他仍与敌人进行激烈的搏斗。

例句 13 正确合理的分配精度指标是保证系统性能与可靠性的重要工作。

分析 在例句 13 中,动宾词组“分配精度指标”是主语,“是”是谓语,“工作”是宾语,“正确合理”是动词“分配”的状语。因此,此处应用“地”字。

修改 正确合理地分配精度指标是保证系统性能与可靠性的重要工作。

例句 14 正确合理地精度指标是系统性能与可靠性的重要保证。

分析 在例句 14 中, 名词“精度指标”是主语,“是”是谓语,“保证”是宾语,“正确合理”是名词“精度指标”的定语。因此,此处应用“的”字。

修改 正确合理的精度指标是系统性能与可靠性的重要保证。

此外，“得”与“的”“地”有时候也容易用错。

例句 15 我高兴地哭了。

分析 在例句 15 中,“哭”虽然是动词,但“哭了”表示“高兴”的结果,而不是一个动作的过程。因此，此处的“地”应改为“得”。

修改 我高兴得哭了。

例句 16 他开心得笑着。

分析 在例句 16 中，“笑着”是动词，表示一个动作的过程，“开心”作“笑着”的状语。因此，此处的“得”应改为“地”。

修改 他开心地笑着。

总之，要想正确使用“的”“地”“得”，一定要搞清楚它们的用法及其在句子中的作用，并善于分析其所在语句的句子成分。只要慎重对待，认真分析，反复实践，随着实践经验的不断积累，这个问题就会逐渐得到解决。

如何正确描述变量的变化？

在作者交付的稿件中，经常出现描述变量变化的语句。不少作者没有注意到这些变量的性质，不论是数量、质量、时间、空间，还是速度、温度、频率、效率，一律用“增加”或“减少”来描述变量的变化，不仅出现用词单调、搭配不当等问题，有时还会造成歧义。有的编辑疏于关注这种现象，致使此类问题没有得到很好的解决。

对于有些变量，用“增加”或“减少”来描述其变化，没有问题；对于另外一些变量，用“增加”或“减少”来描述其变化，则会出现搭配不当的问题；还有一些变量，如果用“增加”或“减少”来描述其变化，可能还会产生歧义。

下面，分几种情况来讲解如何正确描述变量的变化。

一、对于用数量度量的变量，可以用“增加”或“减少”来描述其变化。

例1 增加清样校次，减少刊物差错。

本文为2019年11月给航天期刊编辑人员讲课时的讲稿，收入本书时增加了部分例句。

例 2 增加绿色出行次数，减少二氧化碳排放。

例 3 减少推进剂消耗，增加有效载荷数量。

例 4 减少聚集性活动，增加开窗通风次数。

二、对于不是用数量度量的变量，则应根据变量的性质，酌情采取不同的用词来描述其变化。

例 5 增加卫星的发射功率。

分析 “功率”是用“大小”来度量的。

修改 增大卫星的发射功率。

例 6 足球队的实力大大减少。

分析 “实力”是用“强弱”来度量的。

修改 足球队的实力大大减弱。

例 7 工作效率随着流程的优化而不断增加。

分析 “效率”是用“高低”来度量的。

修改 工作效率随着流程的优化而不断提高。

例 8 温度随加热时间的增加而增加。

分析 “时间”是用“长短”来度量的;“温度”是用“高低”来度量的。

修改 温度随加热时间的延长而升高。

三、对于既可以用数量度量、又可以用其他维度来度量的变量，则应根据所处的语境，决定用什么词语来描述其变化。

例 9 随着员工创收能力的增加，公司对部门的考核指标也增加了。

分析 “能力”是用“强弱”来度量的;“指标”是用“高低”来度量的。“考核指标增加”会使读者理解成“原来有 1 个考核指标，增加为 2 个以上的考核指标”。而从所处的语境来看，实际上是“公司对部门的创收指标提高了”。

修改 随着员工创收能力的增强，公司对部门的考核指标也提高了。

例 10 升力与攻角成正比，即升力随攻角增加而增加。

分析 “升力”和“攻角”都是用“大小”来度量的。“攻角增加”会使读者理解成“原来有 1 个攻角，增加为 2 个以上的攻角”。而从所处的语境来看，实际上就“1 个攻角”，只是“角度变大了”。

修改 升力与攻角成正比，即升力随攻角增大而增大。

例 11 增加卫星频率，可以加大传输信号的带宽。

分析 “增加卫星频率”会使读者理解成“增加卫星频段”，即“该卫星原来有 3 个频段，增加为 4 个以上的频段”。而从所处的语境来看，实际上是“提高卫星的频率”。

修改 提高卫星频率，可以加大传输信号的带宽。

例 12 气液两相流混合加剧，使涡流损失区增加。

分析 “涡流损失区增加”会使读者理解成“原来有 1 个涡流损失区，增加为 2 个以上的涡流损失区”。而从所处的语境来看，实际上是“原来涡流损失区的区域较小，在气液两相流混合加剧的情况下，涡流损失区的区域变大了”。

修改 气液两相流混合加剧，使涡流损失区增大。

四、对于连续的时间，用“长短”来度量，用“延长”或“缩短”来描述；对于不连续的时间，用“数量”来度量，用“增加”或“减少”来描述。

例 13 这场学术报告会增加了半小时。

分析 “会议时间”是一段连续的时间，是用“长短”来度量的。

修改 这场学术报告会延长了半小时。

例 14 这门课程由 20 学时延长为 24 学时。

分析 “学时”是不连续的时间，是用“数量”来度量的。

修改 这门课程由20学时增加为24学时。

例15 会期由5天减少为4天。

分析 “会期”是一段连续的时间，是用“长短”来度量的。

修改 会期由5天缩短为4天。

例16 国家法定节日由原来的10天延长为11天。

分析 “国家法定节日”是不连续的时间，是用“数量”来度量的。

修改 国家法定节日由原来的10天增加为11天。

当然，描述变量变化的用词也不是一成不变的，有时需要根据具体情况进行适当调整，以使语言更生动、叙述更流畅。

比如，有一种期刊，经过近10年的发展，发生了很大的变化：开本由正度16开改为国际16开，页码由120面增加到240面，印数由5000本变成10000本，发行量由4600本扩大到9500本，刊期由双月刊改成月刊，差错率由2/万降为1/万，成本由10万元/期提高到50万元/期。

如果沿用“增加”或“减少”来描述变量的变化。则是这样一种描述方式：

该期刊经过近10年的发展，发生了很大的变化：开本增加了，页码增加了，印数增加了，发行量增加了，刊期减少了，差错率减少了，成本增加了。

以上描述，用词单调，语言枯燥，含义不清，缺乏美感，既不规范，也不生动。

因为：“开本”是用“大小”来度量的，如果说“开本增加了”，读者有可能理解成“原来1种开本，现在变成2种以上开本了”；“刊期”是用“长短”来度量的，只能用“延长”或“缩短”来描述；“差错率”是用“高低”来度量的，只能用“提高”或“降低”来描述；“成本”也是用“高低”来度量的,如果用“增加”或“减少”来描述,读者也能看明白,但是,用“提高”或“降低”来描述则更加规范。

如果改成这样一种描述方式:

该期刊经过近10年的发展,发生了很大的变化:开本增大了,页码增加了,印数增加了,发行量增加了,刊期缩短了,差错率降低了,成本提高了。

虽然用词规范了,但仍有重复,不够生动。

“页码”“印数”和“发行量”都可以用“多少”来度量,都可以用“增加”来描述,如果一个用“增加”,一个用“增多”,一个用“增长”,意思没有改变,用词更加丰富了,避免了单调和重复。

那么,对该期刊的描述方式就变成了这样:

该期刊经过近10年的发展,发生了很大的变化:开本增大了,页码增加了,印数增多了,发行量增长了,刊期缩短了,差错率降低了,当然,成本也相应地提高了。

这样描述,用词丰富,语言生动,含义准确,美感增强。

总之,出版单位的编辑、审稿人员,在遇到描述变量变化的语句时,要根据变量的性质和所处的语境,正确描述变量的变化,使用词更加规范、含义更加准确、语言更加生动。

如何避免书稿中的隐性错误?

摘　要　本文通过对具体案例进行分析，总结了书稿中常见隐形错误的类型，指出了产生错误的原因，给出了具体的修改建议，提出了避免隐形错误的措施，对于编辑人员做好书稿编辑工作、提高图书出版质量具有参考价值。

关键词　图书出版；隐形错误；案例分析

在图书终审环节，经常发现这样一种现象：有些内容语句流畅，结构完整，没有错别字、异体字、繁体字，初看起来，没有什么问题，但仔细一琢磨，就会发现其中隐含着严重错误。相对于书稿表面很容易发现的诸如错别字、多字漏字、拼写错误、前后颠倒等显性错误，这种隐形错误更难以发现，更带有欺骗性，也更容易误导读者。这类错误属于深层次错误，应该努力加以避免。

本文为 2020 年 10 月 17 日召开的“新时代科技出版单位总编辑工作研讨会”交流材料，会后被收录于由大会秘书处编辑的《新时代科技出版单位总编辑工作研讨会入选论文》，收入本书时有少量修改。

那么，隐形错误都有哪些常见的表现？应该如何避免呢？

笔者根据在终审过程中掌握的材料，列举几例。

一、统一性错误

例 1 1960 年 11 月 5 日，就在苏联撤走最后一批专家后的第 83 天，中国成功发射了第一枚仿制导弹。

分析 该书前面写道：“1960 年 8 月 12 日，苏联在国防部五院的最后 3 名专家也撤走了。”从 8 月 12 日到 11 月 5 日共 85 天，而不是 83 天，因为 8 月、10 月均为 31 天。

修改 1960 年 11 月 5 日，就在苏联撤走最后一批专家后的第 85 天，中国成功发射了第一枚仿制导弹。

例 2 反辐射导弹是战术空地导弹中的一类，用来攻击地面与机载、舰载雷达系统。

分析 既然是“空地导弹”，就是从空中向地面发射的导弹；而从空中攻击“机载雷达系统”的导弹，应该叫“空空导弹”，从空中攻击“舰载雷达系统”的导弹，应该叫“空舰导弹”。

修改 反辐射导弹是战术空地导弹中的一类，用来攻击地面雷达系统。

二、语法性错误

例 3 2003 年 10 月 15 日，我国首位航天员杨利伟乘坐神舟五号飞船飞天，此后又接连取得了多人多天飞行、太空行走和空间交会对接等辉煌成就。

分析 这句话有两个分句：其一是“我国首位航天员杨利伟乘坐神舟五号飞船飞天”；其二是“此后又接连取得了多人多天飞行、太空行走和空间交会对接等辉煌成就”。

这两句话共用一个主语“杨利伟”。对于第一个分句，用“杨利伟”

作主语没有问题；对于第二个分句，用“杨利伟”作主语就不合适了，因为“多人多天飞行、太空行走和空间交会对接”不是由杨利伟完成的。

这句话应该改为两个分句，用“；”隔开，并在第二个分句前面添加主语“我国”。

修改 2003年10月15日，我国首位航天员杨利伟乘坐神舟五号飞船飞天；此后，我国又接连取得了多人多天飞行、太空行走和空间交会对接等辉煌成就。

例4 中国航天事业用较短的时间实现了从无到有、从小到大、从弱到强的飞跃，跨入了世界航天大国行列。

分析 原句的主语是“航天事业”，不是“国家”，与“跨入……大国行列”搭配不当。

修改 中国用较短的时间，实现了航天事业从无到有、从小到大、从弱到强的飞跃，跨入了世界航天大国行列。

三、知识性错误

例5 阿波罗11号飞船实现了人类登月之梦，在月球上留下了12名美国航天员的足迹。

分析 阿波罗11号飞船第一次实现载人登月，把2名航天员送上月球；之后，又有5艘阿波罗飞船实现载人登月，把10名航天员送上月球。即12名航天员是分6次登上月球的。

修改 阿波罗11号飞船实现了人类登月之梦，第一次在月球上留下了人类的足迹。

例6 液氧只能在−183℃存在。

分析 液氧的沸点为−183℃，可以存在于−183℃以下的环境中。

修改 液氧只能存在于−183℃以下的环境中。

四、逻辑性错误

例 7 即使跌倒 100 次，也要爬起来 101 次继续干。

分析 爬起来的次数只能等于或少于跌倒的次数，不能多于跌倒的次数。因为既然是“跌倒”，就表示原来是站着的。

修改 即使跌倒 100 次，也要爬起来 100 次继续干。

例 8 1903 年 12 月 17 日，莱特兄弟驾驶的“飞行者 1 号”从美国北卡罗来纳州基蒂霍克机场的一片沙丘上起飞。

分析 莱特兄弟是飞机发明者，他们研制的“飞行者 1 号”是世界上第一架飞机。在此之前，世界上没有飞机，也不可能有机场。

修改 1903 年 12 月 17 日，莱特兄弟研制的“飞行者 1 号”从美国北卡罗来纳州基蒂霍克的一片沙丘上起飞。

五、政治性错误

例 9 地空导弹部队击落 U-2 飞机的捷报传来，每一个中国人都感到非常自豪。

分析 驾驶 U-2 飞机的是国民党部队的飞行员，也是中国人，他的飞机被击落，自己不会感到自豪。

修改 地空导弹部队击落 U-2 飞机的捷报传来，每一位导弹研制人员都感到非常自豪。

例 10 朝鲜战争爆发，危及我疆土，中国人民志愿军入朝作战。

分析 中国人民志愿军入朝作战是有一定历史背景的，即：朝鲜战争爆发后，美国武装干涉朝鲜内政，并将战火烧到鸭绿江边，严重威胁我国安全。应朝鲜政府请求，我国做出“抗美援朝、保家卫国”的决策，组成中国人民志愿军入朝作战。

如果不把这些前提条件讲清楚，只交代一句“朝鲜战争爆发”，中国人民志愿军即“入朝作战”，看似中国反倒成了干涉朝鲜内政的国家。整个战争分为三个阶段：刚开始爆发的“朝鲜战争”，是朝鲜半岛北、南双方的民族内战；后来美国入侵朝鲜，变成了“美国侵朝战争”；中国人民志愿军入朝作战后，又变成了“抗美援朝战争”。

修改 朝鲜战争爆发后，美国武装干涉朝鲜内政，将战火烧到鸭绿江边，对我国边境地区实施轰炸，我国安全受到严重威胁。应朝鲜政府请求，我国做出“抗美援朝、保家卫国”的决策，组成中国人民志愿军入朝作战。

要想避免上述隐形错误，除了采取仔细推敲、增加校次、交叉审读等常规措施外，还要做到以下几点。

1）加强业务学习，提高编辑能力。要想成为一名合格的图书编辑，不仅要不断学习科技知识，扩大自己的知识面；还要持续积累历史知识，以提高书稿的史实性；同时，必须牢固掌握语法知识，确保书稿语句通顺、语法规范。

2）注意彼此呼应，避免前后矛盾。一部书稿是一个统一的整体，应该做到前后一致，不能前后矛盾或者说法不一，使读者难以判断、无所适从。这就要求编辑人员在编辑、审稿过程中，要前后对照着看，遇到相同或相近的叙述，要进行前后比较，并做到相互统一。

3）增强推理能力，做到逻辑自洽。有些语句，字面上看起来没有什么问题，只有经过仔细琢磨，才能发现其中的逻辑错误。因此，编辑人员还要增强自身的逻辑推理能力，使书稿不要自相矛盾，而要逻辑自洽。

4）提高政治意识，杜绝出版事故。政治性错误是出版工作的大忌，具有“一票否决”的作用，一旦出现，就会产生恶劣影响，造成出版事故。因此，编辑人员一定要提高政治意识，对于涉及民族、宗教、疆域、港澳台、国际关系、重大历史事件等内容的书稿，一定要慎重对待、严格把关，杜绝政治性错误。

总之，只要我们持续加强业务学习，不断提高编辑水平，牢固树立质量意识，严格执行出版规定，以严慎细实的工作态度对待编辑出版工作，就能较好地避免书稿中的隐形错误，使图书出版质量得到明显提升。

策划热点选题应注重时效性

近年来，社会上热点图书逐渐增多。所谓热点图书，就是针对社会上发生的重大事件，围绕公众关心的热点话题和舆论关注的焦点问题而出版的图书。例如，1997 年的香港回归、东南亚金融危机、英国王妃戴安娜之死，1998 年的伊拉克武器核查危机、中国的两会召开等，都成为社会上一时的热点。对于这些热点话题，尽管各种新闻媒体进行了全方位、多层次的报道、评论，但新闻媒体毕竟受时空、篇幅所限，其综合性、系统性和深入性无法与图书相比。但是，图书的弱点是时效性不强，而热点话题之所以能称为热点，就是来得快、去得也快，如果失去了时效性，则出版的意义和价值将大打折扣。因此，出版有关热点话题的图书，一定要注重时效性。

在出版热点图书方面，航空工业出版社根据自身特点，作过一些尝试。其中有两次内容较贴近的情况，由于对时效性重视程度不同，收到的效果也大不一样。实践证明：时效性强，则会收到良好的双效益；时效性差，则双效益难以得到保证。

本文发表于《科技与出版》1998 年第 4 期，合作作者：张铁钧，孔凡利，收入本书时有少量修改。

1991 年海湾战争爆发后不久，我社在情报研究的基础上，编辑出版了一本《海湾战争中航空武器装备面面观》。由于当时策划选题的意识不强，时效观念淡薄，虽然该书出版后对国防系统的科技人员、部队官兵以及上级领导有一定的参考价值，但由于出版滞后时间比较长，加上内容不够贴近大众，致使该书影响力不大，在社会上没有形成应有的反响。

1998 年年初，海湾地区再度爆发危机，伊拉克就武器核查问题向联合国发难，美国重新向海湾集结兵力，企图以武力解决武器核查危机，海湾上空一时战云密布，一场高技术战争一触即发，巴格达一度成为世界瞩目的焦点。

在这种情况下，我们认为，无论这次危机如何收场，海湾局势都将成为一段时间内的一个热点话题。我们决定以此为题，组织出版一本有关海湾危机的图书。这次，我们吸取了上次的教训，组织有关作者进行跟踪式创作，即在事态发展过程中，就进行写作，事件一结束，立即出版。

1998 年 2 月 20 日左右，事态发展到了最关键的时刻，联合国秘书长安南受联合国五个常任理事国委托，开始了举世瞩目的巴格达之行，就武器核查危机与伊拉克政府进行会谈。如果成功，则这次危机得以化解，一场战争得以避免；如果不成功，美国就会以此为借口，利用其高技术武器，对伊拉克大打出手，这是全世界爱好和平的人们所不愿看到的。

鉴于事态发展有两种可能，我们也做了两手准备：一是打，二是和。如果打，要写出这场高技术战争的特点，以及对我国发展高技术武器的启示；如果和，也要对美国聚集在海湾的高技术武器进行分析，并与第一次海湾战争中的武器装备进行比较，写出其发展特点，还要对今后海湾局势如何发展进行分析和预测。同时，为了更广泛地贴近社会大众，除了对战争与武器进行描述、分析、总结外，还要从政治、经济、外交等多方面，对这次危机产生的历史背景和发生原因，美伊两国的国内现状和各自目的，国际力量对此次危机的基本态度和外交努力，联合国对此类事件的调解作用和斡旋结果，进行系统而深刻的分析，使读者对此次危机有更加深刻的了解。

有了内容的基本框架，接下来就是物色作者。我们聘请航空科技情报研究所的武器研究专家编写美伊双方在海湾地区的兵力部署和武器配备，重点描写美方“沙漠惊雷”计划中的航空高技术、电子战技术和“空地一体战”技术；聘请《国际航空》杂志社的军事问题专家编写第一次海湾战争后美伊双方的矛盾冲突及发生这次武器核查危机的深层次原因和背景；聘请中国国际广播电台的两名国际问题专家分别就危机发生后国际力量对此问题发表的态度及进行斡旋的努力，以及危机过后海湾局势如何发展进行分析和预测；聘请情报研究专家对伊拉克武器核查危机的大事记进行归纳和整理。

由于我们聘请的作者既是各个方面的专家，又都有一定的写作能力，加上我们策划人员对其进行了合理分工，以及不断与作者沟通，他们基本上按计划提交了稿件。我们的计划是：无论是武力打击还是和平解决，作者都要在危机过后 10 天内交稿。实际上，自安南秘书长与伊拉克政府就武器核查危机签署的《谅解备忘录》在 3 月 2 日被联合国安理会通过后，几位作者在 3 月上旬便开始陆续交稿。

由于时效性要求很强，我们希望该书在 3 月底或 4 月初出版。因此，我们的策划人员、编辑人员实际上承担起了统稿的责任，特别是在前后衔接、用词规范、数据统一方面做了大量工作，并对各级标题进行了提炼和设计；在排版过程中，又根据图书内容选配了大量图片，使该书图文并茂、版面活泼。由于危机最终以和平方式解决，美国以武力相威胁的企图未能得逞，最后书名确定为《美国受阻——二次出兵海湾始末》。实际情况也正是如此：由于近年来国际力量形成多极化格局，和平与发展成为当今世界发展的主题，美国未能像1991年海湾战争那样一呼百应，加上安南秘书长的成功斡旋和萨达姆的见好就收，最终使美国受阻于海湾。

在策划、撰写、编辑、出版及印制人员的共同努力和密切配合下，该书自1998年2月中旬开始策划，到4月上旬正式出版，前后不到两个月，较好地达到了时效性要求，恰好赶在4月10日北京春季书市之前出版。加上进行了有效的宣传，使该书在读者中引起了一定的共鸣，收到了较好的社会效益和经济效益。

由这个例子可以看出，只要策划人员事前有准备，同时掌握一定的高素质作者群，遇到热点话题时，通过加快工作节奏，是可以策划出版一批好的热点图书的。

我们认为，策划热点图书，应具备以下几项能力：

1）要有一定的敏感性和预见性；

2）要有一定的策划意识和策划能力；

3）要有一定的组织能力和协调能力；

4）要有一定的高素质作者群；

5）要有一支能打硬仗的编辑、出版、印制队伍；

6）要取得领导的信任和支持。

具备了以上几个条件，就可以在以后的机会中尝试着策划一些热点图书，比如从1999年国庆50周年、澳门回归、迎接新世纪的到来，以及意想不到的突发事件中找到灵感，策划出成功的选题。我们认为，抓住机会，进行尝试，并不断积累和总结经验，策划热点选题定会取得成功。

重印书的著作权问题应引起重视

自《中华人民共和国著作权法》实施以来，各出版社对著作权问题越来越重视，在为著作权人出版新书时，合同的签订率和有效率越来越高，合同的履行情况也越来越好，新书出版的著作权纠纷逐渐减少。但是，图书重印、再版时的著作权问题，并未引起大家足够的重视，产生著作权纠纷的情况还时有发生。下面举两个例子。

第一个例子涉及一种英语语法方面的图书。作者在编写该书时，参考了一位同学的英语语法材料，并将部分内容译成中文，编入该书中，以个人署名方式在某出版社出版。首次印刷后，提供材料的这位同学向作者提出意见，认为该作品应为两人的合作作品。这位作者认识到这个问题后，向同学表示了歉意，从首次所得稿酬中拿出一部分付给这位同学，并表示在重印时署上两个人的名字。但该出版社对这些情况并不了解，而且在重印时也未通知作者，仍按原来的方式署了一个人的名字。待重印样书送到作者手中时，两位作者都提出意见，要求出版社署上两个人的名字重新

本文发表于《科技与出版》1997 年第 2 期，并在 1997 年 10 月召开的“第一届全国科技出版物版权研讨会”上宣读交流，收入本书时有少量修改。

印刷。

第二个例子涉及一部反映二战内容的文艺作品。这本书在前些年出版后，一直有一批库存图书未销出去，恰逢1995年纪念世界反法西斯战争胜利50周年，该出版社认为这些库存书应该利用一下，但考虑到包装形式及定价标准都有些过时，遂改了定价，换了封面，重新推向市场。该出版社认为，此举属于库存书促销活动，并未通知作者。待作者发现该书以新的面目上市后，认为该出版社没有通知自己便进行重印，且未支付重印稿酬，不符合著作权的有关规定，遂提出索赔要求。

以上两例，都是在图书重印时发生的问题。在第一个例子中，如果出版社重印前通知了作者，这个问题就可以避免。第二个例子是因为出版社缺乏经验，不知道自己的行为属于重印，所以事先没有与作者协商，致使双方发生纠纷。这两个例子告诉我们，图书重印时，一定要注意著作权问题，以免造成侵权现象。

在多年的实际工作中，总结出在重印图书时应注意的几个问题：

1）检查是否与著作权人签订过出版合同。1991年6月1日以前，由于我国尚未实施著作权法，所以当时许多图书并未与著作权人签订出版合同，这在当时不算违法，但现在重印就违反了著作权法。所以在重印时，应重新取得著作权人的授权。

2）检查出版合同是否过期。也许有的图书出版社已与著作权人签订过出版合同，但已经过了有效期。在这种情况下重印，需要与著作权人续签出版合同。

3）检查出版合同有无对重印的限制性条款。有的图书虽然与著作权人签订了出版合同，且合同在有效期内，但存在针对重印的限制性条款。因此，出版社必须在满足合同条件的情况下方可重印。

4）重印前要通知作者，并征求作者的修改意见。随着时间的推移，有些图书的内容在重印时需要进行修改；或者时间虽然不长，但在首次印刷后，作者发现（或读者指出）书中有一些差错，也需要在重印时修改。因此，在重印前（在有重印权的前提下），出版社一定要通知作者，征求其对重印书的修改意见，尊重作者的修改权。合同另有约定的除外。

5）重印后，一定要按合同要求，向著作权人赠送样书，并支付重印稿酬（或版税）。合同约定不支付者除外。

6）在向第三方转让版权时，要征得著作权人的同意。因为出版社在与著作权人签订出版合同时，一般取得的只是出版权，并没有取得转让版权的权利。因此，在转让版权时，要取得著作权人的授权；或直接在签订出版合同时，预先取得此项授权，并约定好与著作权人的分成比例。

规范选题推荐工作
减少著作权纠纷

在出版工作中，常常会遇到一些诸如抄袭、剽窃等著作权纠纷案件。通过对实际工作的摸索，我总结出，规范选题推荐工作，对于加强著作权管理、减少著作权纠纷，具有一定的作用。

各出版社在论证选题时，一般都请作者单位或同行专家签署推荐意见，包括选题主要内容、作品技术水平、读者对象范围、同类书出版情况以及作者业务能力等。推荐单位或专家要对上述推荐意见的真实性负责，以便于出版社列选或出版时参考。

如果推荐工作做得好，不仅可以帮助出版社把握选题内容和作品质量，而且可以在一定程度上减少著作权纠纷。因为作者单位对作者本人情况、技术水平以及所从事工作比较了解，推荐意见一般比较真实可靠，而同行专家一般也是熟悉作者情况的人员，加上专家的严谨性，推荐意见的真实性可以得到保证，但推荐专家的身份最好由其单位加以证实。相反，如果

本文为 1999 年 11 月召开的“第三届全国科技出版物版权研讨会”交流材料，收入本书时有少量修改。

没有选题推荐意见，或推荐选题的单位或专家不负责任，则很可能出现问题，不仅内容、质量难于把握，而且容易出现侵权现象。

下面就是航空工业出版社在出版管理中遇到的一些版权纠纷案例。

有一位自称罗某的“作者”,要出版一本关于“成功的商业创意”的图书，由其朋友在选题推荐表上签署意见后，交付我社出版。没想到，该书出版后不久，国内另一家出版社找上门来，说该书原是美国一家出版公司出版的英文版，该公司授权其在中国大陆独家出版该书的中文简体字版，同时向我社出示了授权书及样书。经过了解，罗某的“作品”确实是剽窃来的，未经著作权人及原书出版公司许可，擅自改头换面，署上自己的名字，交到我社出版。事发后，根据我社与罗某所签图书出版合同的相关条款，罗某承担了全部侵权责任，向受害者赔偿了经济损失，并向我社赔礼道歉。

固然，在合法中译本出版发行之前，我社很难了解到该作品是剽窃之作。但是，如果当时坚持要求罗某让真正能负责任的单位出具推荐意见，估计很少有单位肯为一部剽窃之作签署推荐意见，那么这起侵权纠纷也许就能得以避免，使我社的声誉免受损害。

另一部署名“赵某某主编”的口才方面的图书经责任编辑推荐，在我社出版。不久，收到一封吴先生的来信，称该书从他已出版的作品中抄袭了近 10 万字。经核查，原来这位所谓的“主编”既没“主”，也未“编”，而是从其他人手中花钱买的书稿，署上自己的名字交付出版。而卖书稿的人则确实从吴先生作品中抄袭了部分内容。更令人气愤的是，他们虽然在事实面前承认抄袭，但却以“没钱”为借口，拒不赔偿，给出版社造成了很大的经济损失。

这一事例说明，出版社的编辑可能同某些作者比较熟悉，但却很难了解作者的全部情况，因此不能盲目相信作者所说的一切，更不能大包大揽，为其担保、推荐，还是坚持由作者单位或同行专家签署推荐意见，并加盖作者单位或推荐人单位公章，这样可以减少一些著作权纠纷。即使出现问题，也可以找推荐单位或专家核实，便于问题的顺利解决。

综合上述经验教训，得出如下结论：出版社在论证选题时，一定要请能负责任的单位或有单位证实的专家推荐。不能由责任编辑推荐，因为责任编辑对作者的情况并不十分了解；也不能由不熟悉的个人推荐，因为个人行为比较随意，出现问题也难以承担责任；甚至不提倡由小公司推荐，因为目前公司管理不太规范，一些小公司信誉意识淡薄，且流动性较大，因此对一些小公司的推荐意见要慎重对待。

如果能在选题论证阶段把好第一道关，那么在以后的管理工作中则可以省去许多麻烦，而做好选题推荐工作，则是把好第一道关的一项重要内容。

保密——编辑的法律责任

当今时代是世界各国在竞争中求得生存与发展的时代，因而，窃密与反窃密的斗争日益激烈，促使世界各国都把保密工作摆在重要地位。

保密工作，涉及方方面面，出版业也是一个不可忽视的重要领域。

图书出版涉及政治、经济、军事、科技、外交等各个方面，如果不重视保密问题，有可能出现失泄密现象，使国家安全和利益受到损害。

例如，有的军事图书因涉及我军今后一段时期的发展战略和军事配备，出版后引起周边国家的敏感反应；有的图书因详细述及某产品的原料配方和工艺过程，而使涉外技术转让合同成为泡影，给我方造成重大损失；还有的报纸在刊登有关高科技的采访报道时，泄露了该领域的密级事项。

之所以出现上述问题，一是由于在出版行业中，保密意识比较淡薄，有不少同志认为，在当今的和平年代，已不存在保密问题，“无密可保”“有密难保”的思想在一些人中普遍存在；二是有些作者为追求“轰动效应”，有意透露“核心内容”“神秘背景”，把不该公开的内容写出来，公开报道；三是有些出版单位缺乏严格的保密制度，没有执行保密程序。

本文发表于 1997 年 8 月 7 日出版的《新闻出版报》，收入本书时有少量修改。

为了避免图书出现失泄密问题，出版单位应注意做到以下几点：

1）做好保密宣传和保密教育，提高编采人员的保密意识。

2）建立健全保密制度，层层落实责任制，审稿人员既要审技术内容，又要审保密问题。

3）坚持自审与送审相结合，在自审的基础上，对是否涉及国家秘密界限不清的问题，应当提交上级主管部门或保密机关审定。

4）对于有可能涉及密级事项的稿件，应由供稿单位的保密部门进行交稿前的保密审查。未达到保密要求的稿件不能出版。

5）对于外媒报道的我国涉密事项，不要引用、转载，以免造成印证泄密。

总之，编辑人员要强化法律责任，提高保密意识，遵守保密制度，执行保密程序，确保国家安全。

出版刍议

编辑人员，不能仅仅局限于编辑加工，还要了解排版、出片、打样、印制，甚至发行工作；一些资深编辑，甚至会介入项目研发、项目运行及项目管理等工作。

在这些方面，也有一些规律可循。这一部分，收录了几篇相关文章，供广大读者参考借鉴。

浅析1992年科技畅销书

最近，笔者对1992年《科技出版》[①]杂志每期公布的“40种科技畅销书”进行了分析，找出了其中的一些特点，现分述如下，供有关作者、出版者、发行者及读者参考。

全年6期“40种科技畅销书”共计240种，按照《中国图书馆图书分类法》[②]分类，共包括6大类14个小类，具体情况如表1所示。

尽管以上分类不一定严格、准确，但基本上能够反映出总体分布趋势。由表1可以看出，占前6位的类别分别是农业科学，医药、卫生，无线电电子学、电讯技术，建筑科学，电工技术，机械、仪表工业。这些图书均为普及和通用类，涉及面广，读者群大。这些类别中的图书又以实用型、生活型为主，易于掌握和应用，能给读者带来实效。如农业科学方面，以家禽、家畜饲养，植物栽培、保护，病虫害防治，花卉培育等图书为主，

本文发表于《科技与出版》1993年第2期，收入本书时有少量修改。

①《科技出版》即《科技与出版》的前身。1982年,《科技出版通讯》创刊;1988年，更名为《科技出版》；1992年12月，更名为《科技与出版》。

②《中国图书馆图书分类法》于1999年更名为《中国图书馆分类法》。

表 1　新华书店总店 1992 年科技畅销书分类统计

序号	类　别	品种	比例（%）	序号	类　别	品种	比例（%）
1	农业科学 (S)	49	20.4	8	综合图书 (Z)	6	2.5
2	医药、卫生 (K)	44	18.3	9	轻工业、手工业（TS）	5	2.1
3	无线电电子学、电讯技术（TN）	38	15.8	10	交通运输 (V)	5	2.1
4	建筑科学 (TU)	31	12.9	11	数理科学和化学（O）	4	1.7
5	电工技术 (TM)	26	10.8	12	一般工业技术（TB）	2	0.8
6	机械、仪表工业（TH）	20	8.3	13	自动化技术、计算技术 (TP)	1	0.4
7	金属学、金属工艺 (TG)	8	3.3	14	化学工业 (TQ)	1	0.4

注：由于四舍五入原因，各部分比例之和不正好为 100%。

书中的技术能被读者直接应用，为生产、增收提供技术上的支持，深受广大农、林、牧、渔业人员的欢迎；医药、卫生方面，以家庭保健、急救常识，常见病防治问答，家用偏方、秘方，药物应用手册为主，这些图书都能直接为家庭所使用或参考；建筑科学方面，除了建筑设计、施工技术类图书及手册畅销外，很多建筑安装、装饰和室内设计、装潢方面的图书也很受欢迎，这反映了基建规模的不断扩大，装饰水平的不断提高；无线电电子学、电讯技术，电工技术和机械、仪表工业方面，则偏重于产品的原理、使用和维修，以及少量的家电小制作，这些图书主要面向产品用户，而不是设计和生产部门，道理浅显，操作简单，便于应用。总结起来，即一书在手，可以使读者能经济方便地解决许多实际问题。

由以上分析可以看出，这些科技畅销书的技术内容主要侧重于实际应用，而不是深奥的学术问题。据粗略统计，像电视机、录像机、收录机、电动机、电冰箱、变压器、微电脑、万用表、汽车、摩托车等产品使用与维修方面的图书就达 40 多种，占总数的 17% 左右；而各种设计、生产、应用手册、大全之类的图书也达 30 种左右，约占总数的 12.5%；各类实例、问答方面的图书，有 20 多种，接近总数的 10%。当然，这样统计分类会有部分交叉，如手册分类中有维修方面的手册，维修分类中含问答类型的图书，但从它们所占的比例上，可以看出应用类科技书占所有科技畅销书的分量。

除了上述几类普及和通用专业外，像金属工艺、化学工业、轻工业、交通运输等方面尚有部分畅销书。而许多高、精、尖的专业，如原子能技术、生物科学、天文学、航空航天等，却很少有科技图书进入畅销书行列。因为这些专业涉及面窄，读者群小，决定了这些领域的科技图书很难畅销。

因为畅销书与专业有关，所以不同出版社的畅销书所占的比例大不一样。下面把部分出版社的畅销书品种、比例列于表 2。

表 2　部分出版社科技畅销书所占比例

序号	出版社	品种	比例（%）	序号	出版社	品种	比例（%）
1	建筑工业出版社	30	12.5	9	科技文献出版社	8	3.3
2	农业出版社	21	8.8	10	人民交通出版社	7	2.9
3	电子工业出版社	18	7.5	11	医药科技出版社	7	2.9
4	人民卫生出版社	14	5.8	12	兵器工业出版社	7	2.9
5	机械工业出版社	13	5.4	13	林业出版社	6	2.5
6	人民邮电出版社	11	4.6	14	农业科技出版社	6	2.5
7	金盾出版社	9	3.8	15	农村读物出版社	5	2.1
8	北京科技出版社	9	3.8	16	气象出版社	5	2.1

由表 2 可以看出，哪些专业的科技图书畅销，哪个专业的出版社所占比例就大。如建筑工业出版社，虽然建筑科学专业的畅销书不是最多，但由于没有其他出版社与之激烈竞争，所以其畅销书比例独占鳌头；农业出版社虽有金盾、农业科技、农村读物、气象等出版社与之竞争，但由于农业科技畅销书所占比例最大，农业出版社又居于农业科技出版的主导地位，所以该社仍以 21 种畅销书位居第二；电子工业、机械工业两个出版社，则在各自的专业领域得天独厚，稳稳地占领了相应的市场；人民卫生出版社在与医药科技、人民军医、中医药、中医古籍等多家出版社的竞争中，占据了医学领域的有利地位；比较特殊的是兵器工业出版社，虽然在本专业范围内难以突破，但通过开拓市场，在电子、机械及一般工业等方面闯出了一条路，有 7 种图书进入了科技畅销书之列，对于专业面窄的科技出版社不可谓不是一个启发。

出版工作也要注重科学研究

——对一起大规模胶订图书书脊开裂问题的理性思考

1 月 14 日下午，2008 年北京图书订货会刚刚闭幕，中国宇航出版社正在进行年终考核，突然接到一个坏消息：库管人员在验收入库图书时，发现有 10 种小开本图书出现胶订书脊开裂现象。就是在翻书时，稍一用力，胶订书脊便随着一声清脆的“喀吧”声，突然纵向断裂，一本书变成了两本，只有书脊上的封皮把它们连在一起，就像“折断骨头连着筋”一样。

情况紧急！这 10 种图书共计数万册，码洋上百万元，如不在 1 月 20 日之前发出去，很难赶在春节前上架销售。如错过春节黄金周和 2 月份的销售高峰，将造成严重的经济损失。

开完考核会，社领导马上与责任编辑、印制人员、库管人员一起分析研究，并把问题通报给装订厂，请他们查找原因。

装订厂很快反馈信息，这 10 种图书用的胶与其他图书不同，是原有供应商生产的一种新产品。

本文发表于《科技与出版》2008 年第 4 期，收入本书时有少量修改。

听到这个消息，大家很快意识到：一定是胶出了问题。

但是，编辑提出来："订货会上的样书没有这个问题。莫非是样书与批量图书用的不是同一种胶？"

经过询问装订厂，得到的答案是：样书与批量图书用的是同一种胶。

既然是同一种胶，为什么表现出来的性能大相径庭？经过分析认为，问题很可能出在环境上。样书是在室温下保存的，而批量图书是在低温下保存的，那么很可能是这种胶的低温性能较差，导致了问题的出现。

既然在室温下没有问题，那么经过冷冻的图书，回到室温环境下能不能恢复？室温下的图书再经过冷冻还会不会断裂？针对这一连串的问题，社里决定通过实验寻找答案。

库管人员马上通知书库值班人员，搬几包书放到宿舍，看看情况如何。

没顾上吃晚饭，社领导便带着印制人员、库管人员来到书库，进行分析研究。

14 日正值三九天，夜里最低气温 -9℃，我们几人来到书库。由于没有保温层，也不供暖气，库房与室外温度相差无几。我们找到这 10 种书，用力翻着，翻一本，断一本。毫无疑问，这样的书不能发。

我们又来到库管人员宿舍，发现搬到这里的书已经不再断裂。这说明，经过冷冻之后回到室温下，胶的性能可以恢复。

但是，恢复之后，再回到低温环境中，还会不会反复？

我们从书库和宿舍各拿了几本书回到社里，把它们分成两组，一组放在室内，一组放在室外，经过一个夜晚再看结果。

15 日一早，结果出来了：无论是一直放在书库的，还是由书库搬到宿舍的，只要放在低温环境下，都会断裂；反之，放在室温环境下，都没有问题。

这说明：书脊断不断裂只与当时的温度环境有关，而与以前经历的温度环境无关。

但是，现在正值冬季，运输、仓储都是在低温环境下进行，如果这些书刚从低温库房摆到书架上，温度尚未恢复就有读者翻阅，则会出现断裂问题，岂不会造成批量退货？这样损失将更大！

为此，本着对读者、对书店、对本社负责的原则，社领导决定：问题图书全部退回装订厂，撕掉封面，换上新胶，重新装订。

但问题又接踵而来：一是这种封面材料用完了，重新调进需要 2 天，再加上印刷、装订时间，要到 1 月 22 日才能全部入库，这样将错过最佳发货周期，图书只能在春节长假之后上架，影响销售；二是重新装订后，需要进行裁切，裁切后的成品尺寸将明显缩小。

怎么办？社里决定，坚持换胶，不能让问题图书进入市场。

装订厂按照社里要求，当晚即把尚未入库的部分图书撕掉了封面，并用新胶重新装订了几本，放到室外冻了起来。

16 日早晨，当他们打开这几本书时，新的问题出现了：换胶后的图书，只要用力去翻，也有开裂现象。

装订厂马上把情况报告给社里。社里经过分析，认为低温断裂问题可能是一种普遍现象，不一定单纯是胶的问题。

于是，社里又当即进行实验：把不同的图书放到室外，看看是不是都出现同样的问题。

新的现象又出现了：不仅其他图书没有断裂，这几种图书也没有断裂。

这说明，白天的温度比较高，大约在 0℃左右，不足以使胶变脆，所以断不了。

为了继续验证低温断裂是不是普遍现象，出版社又把几种不同的图书，包括从国外引进版权的样书，放到了冰箱冷冻室里进行低温试验。结果发现：在 −10℃以下的冷冻室里，所有图书的胶都变脆了，拿出来后使劲一掰，都出现了断裂现象，只不过由于出版时间不同、开本大小各异、纸张材料和用胶种类有差别，撕裂所需的力量和损坏的程度有所不同。

我们又发现，这些书从冰箱里拿出来后，在室温下保存几分钟，再掰的时候就不会断了。这一发现给了我们一个惊喜，原来担心刚从低温库房摆到书架上的书，有被读者翻裂的可能，现在这一概率几乎为零了。

通过这一系列实验，我们得出如下结论：无论何种胶，都有一个低温极限，大约在0℃以下的某个数值，低于这个极限，胶就会变脆，用力翻书，书脊就会断裂；在图书进入室温下约5分钟后，胶的脆性变弱了，韧性得以恢复，这时再翻书，就不会断裂了。

以前没发现这个问题，一是由于平时温度没有这么低，二是大开本的图书在翻页时书脊受力小。这10种书由于是小开本，正文用的又是蒙肯纸（这种纸吸胶量大而使书脊上胶的厚度变薄），加上这种胶的低温性能稍差，又正好遇上三九天，所以出现了断裂现象。

因此，社里决定，这10种图书照常发货。因为一般情况下，不会有读者在0℃以下的低温环境中翻书；自图书从书库进入书店到上架销售，一般也有几分钟时间，读者在这之后翻书，断裂的可能性就很小了。

经过3天的实验、分析、研究，我社避免了图书大规模回厂返工的问题，赢得了发货时间，消除了成品尺寸缩小的可能性。至1月18日，这10种图书全部发往书店，没有错过最佳发货周期。

如果没有这几天的分析研究，将造成不必要的返工，给出版社和装订厂都会带来巨大损失。由此可见，科学研究对出版工作非常必要。

近几年来，中国宇航出版社一直坚持理性出版的原则，“十一五”规划又提出了建立和谐的、研究型的、现代的科技出版社的发展目标，只要我们在出版工作中坚持理性思考，注重科学研究，就会少走很多弯路，提高出版工作的效率和质量。

关注出版细节　提高图书质量

摘　要　本文通过列举图书出版工作中的一些具体事例，指出了在图书出版工作中容易出现的质量问题，分析了这些问题产生的原因，提出了关注出版细节、提高图书质量的具体建议。

关键词　出版细节；图书质量；建议

引　言

图书出版质量，是出版界普遍关注、极为重视的问题。从政府主管部门，到各个出版单位，都制定了一系列规章制度，来保证图书的出版质量。如新闻出版总署制定的《图书质量管理规定》《图书质量保证体系》，各出版社制定的三审责任制、“三校一读”责任制及具体的质量管理、评价和

本文曾在“中国编辑学会2007年图书编辑工作研讨会”上宣读交流，并被评为优秀论文；后被收录于中国科学技术出版社2009年8月出版的《图书质量与和谐出版》一书。收入本书时有少量修改。

奖惩办法。这些制度对于从宏观上保证图书出版的总体质量，起到了决定性作用。

但是，即使严格执行了上述规章制度，也很难从根本上杜绝图书质量问题的发生。主要原因有二：一是受执行规章制度和从事具体工作的人员专业知识、业务水平、工作经验、责任意识的制约，二是受到一些偶发性细节问题的影响，使质量问题杜而不绝、频繁出现。

笔者在社里分管图书质量管理工作，积累了一些图书出现或险些出现质量问题的具体事例。经过分析发现，这些问题的出现，有不少都属于出版细节问题。虽然各个出版环节都严格执行了图书质量管理规定，各类人员也都认真履行了各自的职责，但最后由于偶然因素，仍然出现了质量事故或事故苗头，不仅产生了不良的社会影响，也造成了一定的经济损失。

本文试图从关注出版细节的角度，谈谈如何减少图书质量问题的发生。

一、注意全书的一致性问题

统一性、一致性是图书出版的基本要求。如封面、封底、扉页、版本记录页上注明的书名、作者、著作方式、书号、定价等信息应一致，目录与正文标题、书眉与正文标题要统一，内容提要、前言中的内容介绍要与目录和正文标题相一致。

但是，由于出版活动是一个复杂的过程，在正常的出版环节之外，有可能出现一些偶然变化或临时改动，这时一定要注意“牵一发而动全身”，一处改则全书改。否则，很容易造成前后不一致、全书不统一的现象，从而出现质量问题。

例如，有一本单色图书，在出片前改动了一处标题，却忘记了修改目录，在印刷完、装订前才发现这个问题，不得已重印了一个对开版，造成了 1000 多元的经济损失。

另一本彩色图书，也是因为改动一处标题，虽然将目录作了相应修改，却忘记检查内容提要，不得已重印了一个彩色对开版，造成了较大的经济损失。

因此，在三审定稿之后，尽量不对图书内容进行修改，如遇特殊情况必须修改时，一定要注意全书呼应，以免出现修改不全面、前后不一致的问题。

二、注意检查印刷胶片和彩色打样

在排版出片之后、印刷装订之前，一定要注意检查、核对印刷胶片。因为胶片是印刷的唯一依据，是印前的最后一个环节，即使以前各个环节都没问题，在最后一个环节出了差错，也会前功尽弃、功亏一篑，最终出现质量问题。

2006年，我社出版了一部某著名航天科学家的技术专著，在这部专著中，出现了另一位航天专家的姓名，但这位专家姓名中的“槼”字，排版字库中没有，于是排版公司便自造了这个字。在以后出的几次清样中都没问题，但是图书出版之后，却发现“槼”字的地方出现了空白。事后经过分析，找出了其中的原因，原来排版公司自造的字，单独存了一个文件，并将这个文件插入到了排版文件中。但是，在出片时，这个文件没有拷贝过去，致使出片时排版软件链接不上，造成了“丢字”现象。

还有一本书，在检查胶片时，发现在目录的空白处多了三个社名，而清样上本来是没有的。经过了解才知道，原来，这是我社印制人员电话通知排版公司帮助打印的，排版公司为了节省胶片，就利用这本书的空白处打上了这三行字，而出完胶片后忘了裁下来。如果不对照清样核对胶片，这个问题有可能发现不了，最终造成质量问题。

因此，单色图书在出胶片后，一定要对照最终清样检查胶片，确保胶片与最终清样一致，而不能看完清样没问题就下厂印刷。因为清样与胶片并不是人物与照片的关系，而是分别为“人物的两张照片”，正如在两次拍照中间，只要人物姿势有细小的变动，就会造成两张照片不一致一样，同一份文件出的清样与胶片，也有可能不完全一致，必须严格、仔细地对照检查，才能确保清样与胶片的一致性。

对于彩色图书，情况还有所不同。彩色图书出片之后，除了检查四色胶片有无质量问题外，还必须对彩色打样进行检查。这是因为无法对照清样检查四色胶片，出片打样后，通过打样不仅可以查看设计效果，而且可以检查内容是否正确。编辑人员必须认真检查打样，确认无误后，方可签字付印，而不能只检查喷墨样或数码样。这是因为胶片与打样如同人物与照片的关系，是一一对应的；而喷墨样或数码样与胶片仍然是“人物的两张照片”，完全可能出现偏差。

在一本彩色图书中，有多处出现人民币符号“¥”，在检查数码样时，完整无缺，但在出片之后却全部丢失。这是因为，在排版的电脑字库里有这个符号，而出片的电脑字库里却没有这个符号，最终导致出片时“丢”字，致使重新出片、印刷，既影响了出版进度，又造成了经济损失。

三、注意核对公众人物的姓名

姓名，是一个人区别于其他人的重要标志，每个人都对别人能否正确使用自己的姓名非常重视，在正式出版物中更是如此。如果说图书中出现其他一些小的失误还可以将就的话，但若把别人的姓名印错，则十之八九要修改、重印。公众人物更是如此，这是因为，一是公众人物更加注重自己的社会形象，二是大众对他们也非常熟悉，很容易发现这样的差错。因此，在编辑、审阅书稿时，特别要注意核对公众人物的姓名。

神舟五号飞船发射成功后，我社曾出版了一本反映载人航天发射场工作生活情况的通讯集，其中有一处将航天员杨利伟的名字印成了“杨立伟”，后经补印单页进行粘贴后，才正式发行。在另一本书中，作者将中国航天科工集团公司副总经理薛利写成了“薛丽”，由于责任编辑是新员工，复审人员是返聘的外单位员工，他们都不认识这位领导，更不知道其姓名的正确写法，均未发现这个问题，直到终审时才将其改正过来，避免了出版后的重印、返工。

对于普通人的姓名，也应格外注意。但由于编辑、审稿、校对人员不可能知道每个人的姓名，只能严格对照原稿仔细校对，并要求作者在看样时认真核对，防止原稿有误，尽量避免把姓名印错，造成不良影响和经济损失。

四、注意照片中的人物形象

随着出版技术的不断提高，彩色图书的品种越来越多，其中不乏各种人物的照片。在出现人物照片时，一定要注意照片中的人物形象，不要因为照片有损人物形象而产生肖像权纠纷，或造成图书返工，影响出版进度，增加生产成本。

有一本书中用到一张照片，原照在取景时，把一位领导的半个身位取在了景外，如原样取图，印刷成书后必定有损这位领导的形象，因此，在进行彩图设计时，将这张照片进行了剪裁处理，没有使这位只有半个身位的领导出现在画面中。

在同一本书中，有一张领导视察某公司的照片，在编辑、审稿时，并没有发现照片的黑白打印稿有什么问题，但在审查彩色打样时发现，这张照片不够清晰，有损领导的形象。后经检查发现，原来这张照片是网络下载文件，像素不够，后请图书作者向照片本人索取了原始文件，替换后重新出片，避免了一次质量事故。

在另一本彩色画册中，将一张照片做成了出血版。在看彩色打样时尚未发现问题，待拿到装订样书后发现，最靠边的一位领导被裁切掉了一部分。印制管理人员随即赶到装订厂，经与装订技术人员研究，决定将成品尺寸放大 2 毫米，妥善解决了这一问题。

因此，在处理人物照片时，一定要特别谨慎，不仅要在编辑、审稿阶段认真审查，妥善处理，在出片后和装订前，也要仔细检查，严格把关，以免有损照片中的人物形象，产生不良的社会效果。

结　论

总之，这些出版细节，看起来都是小问题，做起来容易被忽视，稍不注意就可能引发大事故。小则返工，耽误进度，造成损失；大则影响图书质量，有损出版社形象，甚至产生不良社会影响。因此，对这些出版细节，一定要特别关注，谨慎对待，严格审查，确保图书的出版质量。

为此，我社专门采取措施，出台了《质量提示卡制度》，质量提示卡包括发稿质量提示卡、终校质量提示卡和付印质量提示卡，提示这三个重要环节容易出现的质量问题。发稿质量提示卡主要提示责任编辑在发稿时要注意书稿的齐清定和统一性、规范性问题；终校质量提示卡主要提示责任校对在出片前注意核对版心、书眉、页码、目录、标题、图表、公式等处的规范性和统一性问题；付印质量提示卡主要提示责任编辑和印制人员检查胶片有无问题、打样是否正确，并通过蓝图和样书检查印装顺序和印刷效果等。

通过这些细节提示，可以规范编辑、校对和印制人员的工作，预防细节问题的出现，避免质量事故的发生。自从采取这项措施后，通过对照质量提示卡逐项检查，确实发现了一些疏漏并进行了补救，减小了出错概率，提高了图书质量。特别对于新员工，可以让他们知道在哪些方面多加注意，减少差错，在提高图书质量的同时，也加速了新员工的成长。

大型科技出版项目运行规律初探

科技出版是出版业的重要组成部分，对于传承科技成果、促进科技创新、普及科技知识、提升科技素质具有重要作用。一方面，科技图书在科技实践的基础上，积累、总结、归纳、提炼科学技术的理论、技术、方法、经验，推动科技进步；另一方面，科技图书在前沿探索的基础上，研究、探寻、展望、集成面向未来的新学科、新概念、新观点、新路径，引领科技发展。

作为科技出版骨干工程，大型科技出版项目是固化和传承科技知识的重要载体，对推动科技进步、引领科技发展具有举足轻重的作用。

一、项目特点

相对于一般科技图书，大型科技出版项目具有以下特点。

（一）体系完整

但凡大型科技出版项目，都不是某位作者或某个小团队在某个专业层

本文曾在2012年9月22日召开的“中小科技出版社深化改革和科学发展研讨会”上宣读交流，发表于《科技与出版》2012年第11期，合作作者：张铁钧，曹晓勇，邓宁丰，收入本书时有少量修改。

面的偶发性创作行为，而是有组织地进行顶层设计，由众多作者共同创作，涉及整个行业、专业或工程领域，具有系统性。

例如，《导弹与航天丛书》是在航天工业部的统一领导下，各研究院具体组织、全行业科技专家集体创作的一套大型专业技术丛书，包括液体弹道导弹与运载火箭、固体弹道导弹、防空导弹、飞航导弹、卫星工程、固体推进技术和空气动力学 7 个系列。

（二）规模宏大

所谓大型出版项目，往往具有一定的规模，或者部头宏大，或者卷册众多。

例如，《导弹与航天丛书》共计 155 卷，6700 万字，称得上是一部导弹与航天技术领域的鸿篇巨制。

《英汉导弹与航天词典》虽然只有 1 卷，但其内容涉及整个导弹与航天技术领域，收词 11 万余条，350 万字，是另一类大型出版项目。

（三）作者众多

由于大型科技出版项目一般涉及多个专业领域，依靠个体作者或小型团队难以完成创作任务，必然要组织一支覆盖不同领域、包括多位专家的作者队伍，以便发挥各自优势，进行内容集成，形成一套具有系统性的科技书系。

例如，《导弹与航天丛书》由 3000 多位航天科技专家共同创作而成，是中国航天人集体智慧的结晶。

《国防科技名词大典》由国防科技领域 3000 多位专家学者集体创作，形成了我国第一部集国防科技工业各领域专业名词术语于一体的大型专业工具书。

（四）周期较长

大型科技出版项目由于系统复杂、工程浩大，不可能短时间内一蹴而就，需要长时间系统构建、精心打磨，方能成就本领域的扛鼎之作。

例如，《导弹与航天丛书》从1983年启动编写工作，到2008年全部出齐，历时25年，是几代航天人奋斗了半个世纪形成的非物质文化成果。

（五）风格统一

一般大型科技出版项目往往是由众多作者完成的丛书或套书，但需要其写作风格、编写体例、装帧形式保持一致，以体现统一性和整体性。

例如，《国防科技名词大典》《中国载人航天科普丛书》都是同步启动、并行工作、集中出版的，因而其统一性得到了较好的保证。

《导弹与航天丛书》由于其出版周期过长，标准规范、出版工艺、印制技术、纸张材料都发生了很大变化。为了更好地满足读者需求，在全套丛书出齐之后，中国宇航出版社对其进行了校核、重制，使之满足了统一性要求。

（六）作用明显

作为科技出版的骨干工程，大型科技出版项目体系完整、规模宏大、覆盖全面、影响广泛，对于推动科技进步、引领科技发展具有重要作用。

例如，《导弹与航天丛书》已成为航天科学技术的重要载体，受到了航天科技人员、部队指战员和高校师生的普遍欢迎，是广大读者广泛使用、不可多得的“红宝书”。

《航天型号总指挥、总设计师必读》丛书是为航天型号“两总”编写的上岗培训教材，通过有针对性的培训，使他们在走上型号领导岗位之前，对航天型号技术和管理工作有比较全面、系统的认识，使航天型号管理工作走向科学化、规范化。

二、组织模式

（一）上级机关牵头组织

由于大型科技出版项目规模大、成本高、涉及面广、作者众多，如果没有上级机关出面组织，仅仅依靠出版单位的作者资源，很难推动此类项目的顺利开展。只有紧紧依靠上级机关在行政资源和经费资源方面的大力支持，充分发挥其号召力和影响力，再加上出版单位在出版业务方面的支撑，才能促进大型科技出版项目的立项与实施。

上级机关的积极推动是大型科技出版项目成功运行的前提条件。

（二）科研院所鼎力支持

上级机关具有得天独厚的行政资源和经费资源，而人力资源和技术资源主要集中于科研院所，后者在配备专业力量、提供技术资料、创造编写条件、进行技术把关等方面具有天然优势。

科研院所的鼎力支持是大型科技出版项目成功运行的组织保障。

（三）专业作者集体创作

有了上级机关的牵头组织和科研院所的鼎力支持，还需要专业作者的积极参与。他们是大型科技出版项目的创作主体，是内容生产的中坚力量。要选择具有一定学术造诣的科研生产一线专家担纲书稿创作，使图书产品具有权威性、先进性和前瞻性。

专业作者的积极参与是大型科技出版项目成功运行的人才基础。

（四）出版单位全程参与

大型科技出版项目不同于一般科技图书，需要系统构建、认真谋划、精细推进、反复打磨。因此，出版单位要提前介入、精心策划、全程参与、积极协调，使之按照自己的设计思路不断前行。

出版单位的全程参与是大型科技出版项目成功运行的业务支撑。

三、运行流程

（一） 出版单位精心策划

虽然上级机关掌握着充足的行政资源，但其主业不是科技出版，很难具体策划大型科技出版项目。这就需要出版单位根据行业发展需求，提出大型科技出版项目的论证报告或策划方案，争取上级机关的首肯并加以立项。

也有一些大型科技出版项目是由上级机关首先提出编写出版意向，然后由出版单位根据上级意图，制定编写方案，报上级机关审定后实施。

（二）上级机关研究决定

出版单位的策划方案报上级机关后，上级机关根据该项目的意义、价值、作用，结合出版周期和成本预算，通过研究决策，决定是否牵头组织该项目的编写出版工作。

（三）充分酝酿组建机构

出版项目立项后，首先要组建项目组织机构，具体负责项目组织和技术审定工作。组织机构一般由牵头机关的领导担任负责人，相关单位的领导和主要作者作为成员。

（四）召开会议布置工作

组织机构成立之后，适时召开第一次会议，启动项目编写工作。第一次会议一般包括以下议程：审定编写出版方案；确定编写工作分工；提出书稿编写要求；明确进度计划安排；布置后续阶段工作。

（五）编写单位拟定提纲

各编写单位按照编写出版方案和编写工作分工，组建分卷编委会，落实书稿作者，拟定编写提纲，并按要求上报项目组织机构审定。

（六）专业作者撰写初稿

编写提纲确定之后，即可进入书稿撰写阶段。由于大型科技出版项目要求风格一致，出版单位（编委会办事机构的主体）要事先制定编写要求，甚至制作编写样张，供各卷作者参考。

（七）组织机构进行审定

作者完成初稿后，要进行逐级审定。首先，由分卷编委会审阅，主要对技术内容和编写质量进行把关。对于有可能涉密的出版项目，还要将全部书稿提交编写单位保密部门进行保密审查，并出具书面保密审查意见。根据分卷编委会审定意见修改完善并按照保密审查意见脱密处理后，再将全部书稿提交项目组织机构审定，对整套书稿进行总体把关。

（八）出版单位编审排校

书稿通过全部审定程序，并按照审定意见修改完善，达到“齐、清、定”要求后，方可提交出版单位出版。出版单位按照出版流程，进行编辑、排版、三审、三校，使书稿达到出版要求。

（九） 终审定稿出版发行

一般来讲，书稿达到出版要求后，出版单位即可付梓出版。对于重点项目，出版前还要提交项目组织机构终审，审查项目产品的整体质量，包括内容质量、编校质量、装帧设计质量等。经过项目组织机构终审后，项目产品才能正式出版，上市销售，与读者见面。

四、工作体会

（一）发挥优势，形成合力

大型科技出版项目属于集体项目，需要上级机关、科研院所、专业作者和出版单位发挥各自优势，密切配合，大力协同，形成合力，共同完成所负责项目的组织、编写、审定和出版工作。

出版单位是大型科技出版项目的运行主体，要充分发挥主观能动性，在做好自身工作的同时，还要做好其他方面的动员工作，使各方面共同为项目顺利运行凝聚智慧、贡献力量。

（二）精心设计，少走弯路

大型科技出版项目运行是一项复杂的系统工程，牵一发而动全身，需要经过顶层设计、指标分解、内容生产、系统集成、审定验收等一系列环节。每一个阶段都要精心设计，以免因事先考虑不周造成重大返工，既浪费了人力、物力、财力，又影响了进度、质量、效益。

（三）积极协调，解决问题

大型科技出版项目是由作者群体创作完成的，需要协调的事项较多。出版单位要与上级机关、科研院所和各卷作者加强沟通，积极协调，以免造成分工不明确、风格不统一、进度不一致等问题。

（四）广泛宣传，发挥作用

大型科技出版项目参与人员多、覆盖专业广、投入经费高，应该让其发挥更大的作用才物有所值，这就需要广泛宣传、扩大影响、强化营销，把项目产品送到更多的读者手中，使其产生更大的应用价值。

例如，《导弹与航天丛书》全部出齐并进行重制后，中国宇航出版社适时召开全书首发仪式，邀请各级领导、主要作者、科研院所和高等院校代表近 300 人参加会议，对这套丛书进行系统总结和广泛宣传，强化了这套丛书的品牌效应，使其在航天系统、国防领域和高等院校获得了广泛的应用。

《中国载人航天科普丛书》出版之时，恰逢天宫一号发射前夕，中国宇航出版社联手中国科技馆，举办了《中国载人航天科普丛书》首发式暨载人航天科普讲座。该丛书出版发行后，获得了良好的社会反响，在传授航天知识、传承航天精神、吸引更多青少年热爱和投身航天事业等方面起到了积极作用。

（五）多家联手，合作共赢

如果大型科技出版项目局限于单个行业，则可以由相应的专业出版单位独立实施；如果大型科技出版项目跨越不同行业，则适合于多家出版单位联手合作。多家联手，可以发挥不同出版单位的专业优势、人才优势和发行优势，加快进度，提高质量，增进效益，实现共赢。

例如，国防科技领域的几家专业出版社在这方面进行过几次有益尝试。

1999 年，由中国宇航出版社牵头，联合编写出版了《国防科学技术知识普及丛书》；2002 年，由航空工业出版社牵头，联合编写出版了《国防科技名词大典》；2003 年，由原子能出版社牵头，联合编写出版了《现代武器装备知识丛书》。

以上图书都是多领域、跨行业的综合性项目，如果不采取联合出版的方式，依靠一家出版单位独立运行，很难在短时间内组织不同领域的众多作者，编写出版这样的大型科技丛书。这几套丛书出版之后，都引起了良好的社会反响，在整个国防科技领域得到了广泛应用。

总之，大型科技出版项目运行是一项复杂的系统工程，需要精心设计、严密组织，集中各自优势，实现合作同赢，为传承科技知识、促进科技发展发挥更大作用。

参考文献

[1] 邓宁丰，张铁钧，曹晓勇，范占英 . 航天专业出版在航天文化建设中的作用及发展着力点 [J]. 航天工业管理，2012（5）：15-20.

[2] 张铁钧，邓宁丰，艾小军 . 航天图书出版的现状与对策 [C]. // 首届航天科技出版研讨会论文集 . 北京：中国宇航出版社，2006：102-111.

[3] 张铁钧 . 同类小型出版社之间的横向联合与项目合作 [N]. 中华读书报，2002-5-15（22）.

[4] 栾恩杰 . 航天系统工程运行 [M]. 北京：中国宇航出版社，2010.

追踪航天重大活动 普及航天科技知识

——航天科普出版的时代使命

摘　要　中国宇航出版社以普及航天知识为时代使命，配合国家的重大航天活动出版航天科普图书，凝聚权威的作者资源保证图书质量，构建专业的运作团队提高出版水平。文章对各项工作的实践进行梳理，并总结了相应的经验。

关键词　航天科普出版；重大航天活动；作者资源；专业团队

英雄飞天、“嫦娥”奔月、太空漫步、北斗导航、天宫授课……近几年，中国的重大航天活动接连不断。为了配合这些重大航天活动，向社会大众普及航天科技知识，中国宇航出版社（以下简称“宇航社”）出版了一系列航天科普读物，受到广大航天爱好者的欢迎，在社会上引起较大反响，有多种图书获得各种奖励。

本文发表于《科技与出版》2013 年第 9 期，收入本书时有少量修改。

一、回报社会关爱，普及航天知识

国家的每一次重大航天活动，都会吸引国人的关注，大家为祖国航天事业取得的辉煌成就而自豪、欢欣、鼓舞。这些成就的取得，使民族自信心空前提高，民族凝聚力不断增强，对于推进创新型国家建设、全面建成小康社会、实现中华民族伟大复兴的中国梦具有重大而深远的影响。社会大众在关心航天事业辉煌成就的同时，也对航天知识产生了浓厚兴趣，特别是青少年朋友，更是对航天知识具有强烈的渴望。

作为航天专业出版机构，宇航社坚持“立足航天”的办社宗旨，除了承担出版航天专业图书、为航天事业发展提供技术支持的任务外，还肩负着向社会大众普及航天知识、宣传航天成就、提高公民的科学素质、培育青少年的科学精神等时代使命。近年来，宇航社以普及航天科技知识、扩大航天社会影响、吸引航天后备人才为己任，以重大航天活动为契机，出版了 20 多种航天科普读物，满足了读者对航天知识的求知欲。

二、借助航天热点，策划科普图书

国家的重大航天活动具有阶段性，因此航天科普出版也具有时效性。航天科普图书只有赶在重大航天活动期间出版，借势重大航天活动销售，方能取得良好的社会效益和经济效益。为此，宇航社每逢重大航天活动，都提前策划、预先准备，在重大航天活动开展之前，使科普书稿基本定稿，或者只留下少量篇幅，待重大航天活动启动之后，再根据情况补充完善。

2003 年，神舟五号载人飞船发射成功，杨利伟翱翔太空 21 小时，实现了中华民族的千年飞天梦。宇航社适时推出了《天河圆梦》和《飞天的故事》两部科普图书，旨在向社会读者普及载人航天知识。

2005 年，费俊龙和聂海胜乘坐神舟六号飞船飞向太空，首次实现多人多天飞行，完成了真正意义上有人参与的空间科学试验。宇航社在此期间出版了《神舟六号航天专家告诉你：100 个航天秘密》和《神舟六号科普挂图》，并对《飞天的故事》增补了部分内容，修订再版。

2007年，嫦娥一号探月卫星发射成功，带着中华民族的奔月梦想飞向月球，拍摄了中国第一幅月面图，标志着我国绕月探测工程首战告捷，成为中国航天继“两弹一星”和载人航天之后的第三座里程碑。借此机会，宇航社组织出版了《奔向月球》《探月的故事》和《探月工程科普挂图》。其中，《奔向月球》于嫦娥一号发射前夕出版。

2008年，翟志刚、刘伯明、景海鹏驾乘神舟七号飞船出征太空，期间，翟志刚进行了出舱活动，使中国成为世界上第三个掌握空间出舱活动技术的国家。宇航社组织出版了《中国载人航天科普丛书》《太空行走》《神舟巡天》和《神舟七号科普挂图》。

2011年，中国北斗卫星导航系统在轨卫星达到10颗，开始向中国及周边地区提供连续的导航定位和授时服务。这一年，宇航社出版了《北斗伴咱走天下》一书。

2012年，景海鹏、刘旺、刘洋驾驶神舟九号飞船飞向太空，执行与天宫一号手动交会对接任务，突破了载人交会对接技术。在此期间，宇航社组织出版了《揭秘“天宫”》，同时，对《飞天的故事》又进行了增补，出版了第三版。其中，《飞天的故事》第三版在神舟九号发射当天下厂印刷，《揭秘“天宫”》于神舟九号着陆当天下厂印刷。

2013年，聂海胜、张晓光、王亚平驾驶神舟十号飞船再次与天宫一号进行交会对接，并进行了首次太空授课，标志着我国已经拥有了一个可以实际应用的天地往返运输系统。宇航社又出版了一部兼具知识性和趣味性的初、中级科普读物《中华民族的航天梦——载人航天知识问答》。该书于神舟十号着陆当天下厂印刷。

以上图书的出版都紧随国家重大航天活动，形成了图书销售高峰，既满足了读者对航天知识的渴望，也取得了较好的销售业绩。

三、凝聚作者资源，确保书稿质量

伴随着历次重大航天活动的开展，市场上也出版了不少航天科普读物，但大多是新闻报道、纪实文学或照片画册的形式，宣传性较强，科普性欠缺；即使有少量的科普图书，也是从某一个侧面来介绍相关航天知识，全面性、系统性不足；更有甚者，某些航天科普读物还出现一些知识性错误，对读者产生了误导。

航天科普专业性很强，涉及学科范围很广，要策划出版航天科普图书，既需要深入掌握某一专业知识的作者个体，又需要全面覆盖整个专业领域的作者群体。没有高水平的作者个体，就无从开展航天领域的科普创作；但仅仅依靠作者个体的独立创作，又很难组织完成覆盖全面、系统性强、权威性高的系列科普图书。因此，出版社除了凝聚一批高水平的航天科普作者外，还要与航天专业机构建立密切联系，借助航天专业机构的行政资源、专家资源、素材资源和经费资源，开展航天科普创作。只有广泛凝聚作者资源，同时获得航天专业机构的支持、配合，才能创作出高质量的航天科普图书。

为了回报社会各界对载人航天事业的关注，向社会读者普及载人航天知识，在神舟六号成功发射之后，宇航社建议，由中国载人航天工程办公室组织载人航天一线专家，编写一套《中国载人航天科普丛书》(以下简称《丛书》)，将其打造成“国内权威、国际先进”的大型科普著作，于神舟七号发射之后出版发行。

中国载人航天工程办公室非常重视这项工作，中国载人航天工程总设计师王永志、中国载人航天工程办公室主任王文宝亲自担任总主编，要求各系统总指挥和总设计师担任各卷主编，组织了包括 5 位院士在内的百余位一线专家参与创作，开创了行业科学家集体创作大型航天科普著作的先河。

《丛书》的主创人员来自中国载人航天工程的各个专业领域，掌握着第一手技术资料，很多内容、数据、图表都是他们在载人航天领域取得的科研成果，他们通过整理、精选、提炼，将深奥的专业技术演绎成社会大众能看懂的科普知识，用自己的辛勤劳动和智慧成果回报社会各界对载人航天事业的大力支持。

《丛书》分为7卷，包括《梦圆天路——纵览中国载人航天工程》《英雄巡天——追踪航天员飞天足迹》《太空探秘——浅析空间资源开发与利用》《飞天神舟——揭秘载人航天器》《通天神箭——解读载人运载火箭》《神舟天港——走进载人航天发射场》和《碧空天链——探究测控通信与搜索救援》。《丛书》以中国载人航天工程为主线，以载人航天科技知识为主要内容，对载人航天的原理、技术和知识进行了深入解读，对载人航天的丰硕成果进行了全面介绍，对载人航天的应用前景进行了科学展望。书中既有对工程总体的宏观描述，也有对各个系统的详细解读；既有对技术体系的完整诠释，又有对相关内容的知识链接。《丛书》具有鲜明的系统性和集成性、广泛的知识性和普及性、高度的科学性和权威性，无论是规模还是水平，都达到了我国航天科普图书的新高度。

四、构建专业团队，提高出版水平

作为航天专业出版机构，宇航社肩负着普及航天知识、启迪科学思想的时代责任。相比于其他出版单位，在航天出版领域，宇航社在渠道资源、作者队伍、专业能力、历史积累等方面具有优势，有责任向社会提供系统、权威的航天科普图书。

宇航社对航天科普出版工作高度重视，社长亲自参与战略布局、选题策划和书稿审定工作，并指定一位副社长分管航天科普出版工作。2008年，专门成立了负责航天科普图书和航天文化图书出版的航天编辑二室；2012年，启动了包括航天科普出版在内的航天影响力建设出版工程。

对于航天科普图书，宇航社通常安排长期从事航天出版工作的资深编辑担任策划、审稿、编辑工作，科普项目团队自始至终全程参与，从起草编写方案、编写要求、设计规范，到制作编写样张、排版样稿，甚至对有些书稿进行二次创作，使航天科普出版达到了高水平。

五、总结既有成绩，展望未来发展

几年来，宇航社出版的多种航天科普图书获得了各种奖励和相关科普创作基金的资助，有的还入选中小学图书馆和农家书屋的公益图书采购项目。其中:《奔向月球》入选“三个一百”原创出版工程;《中国载人航天科普丛书》先后荣获第二届中国科普作家协会优秀科普作品奖（图书类）优秀奖、第四届中华优秀出版物奖图书提名奖，入选第四届“三个一百”原创出版工程，并获得第三届中国出版政府奖图书奖;《神舟巡天》获得第二届中国科普作家协会优秀科普作品奖提名奖。

今后，宇航社将配合中国载人航天工程、中国月球探测工程、高分辨率对地观测系统建设等重大航天活动，分别组织《奇妙的太空课堂》《月球车与火星车》《感知地球》等航天科普图书的编写出版工作。宇航社将继续坚持“立足航天”的办社宗旨，肩负起普及航天知识的时代使命，出版更多、更好的航天科普图书，为提高社会大众的科学素质、实现中华民族的航天梦作出更大贡献。

发展思考

作为出版单位的领导，除了关注具体的出版项目外，还要考虑单位的生存和事业的发展。

笔者的工作经历涉及航空、航天两大领域，分管过书、报、刊等多种媒体。在多年的工作过程中，对航空、航天出版事业进行了一些思考。

现将相关文章收录于此，以飨读者。

立足航空　突出特色
为科教兴业奠定基础

航空工业属于高科技产业，代表着一个国家工业技术的总体水平，素有“工业之花”之美称，是各国竞相发展的重要产业之一。特别在当今国际局势并不太平、霸权主义有所抬头、“台独”势力空前猖獗的情况下，我国的航空工业更应该得到加强。“科教兴业”是发展航空的关键，航空出版是“科教兴业”的基础之一。

航空工业出版社是1985年由当时的航空工业部组建的，建社宗旨是，根据航空科学技术的发展以及航空科研、生产、管理、教育的需要，出版航空及相关学科的图书、教材、工具书和科普读物。

作为一个专业性强、读者面窄的科技出版社，在“专业分工”的原则下，如何生存和发展？我们认为，应当牢记宗旨，突出特色，发挥自身优势，做好出版工作，努力推动我国航空工业的不断发展。

仅仅依靠专业图书能否生存？我们认为，做好两个方面的工作，是解决出版社生存发展问题的关键。一是为本行业服好务，二是为广大航空爱

本文为1999年11月召开的“第十二届全国科技出版社社长总编辑年会”交流材料，收入本书时有少量修改。

好者服好务。

诚然，出版专业图书，仅靠销售收入，固然不能盈利，但是，行业发展又需要专业图书的支撑。因此，行业主管部门应拨出一定经费，支持专业图书出版，为行业发展打下良好基础。

航空工业系统对此有比较清醒的认识。在“八五”“九五”期间，投入了大量人力、物力、财力，组织了四项大型骨干出版工程，即《飞机设计手册》(24 分册)、《航空发动机设计手册》(19 分册)、《航空制造工程手册》(32 分册)和《中国航空百科词典》,这些项目都是规模庞大的系统工程，出版字数几千万字，参编人员成百上千，出版经费几百万元。已经出版的《航空制造工程手册》总字数 4000 多万字,近千名专家历时 10 年撰写而成，总经费约 400 万元。这样的大型出版项目，如果没有行业主管部门给予人、财、物的支持，仅靠出版社的力量是很难完成的。这些大型工具书的出版，不仅是对老专家宝贵知识财富的抢救工程，也为航空工业的发展奠定了深厚的技术基础。

我们在国际图书博览会上看到，国际上有些以航空为主业的出版公司，出版了大量的系列化航空类图书，并且已形成国际化趋势，代理了世界上多家出版公司航空类图书的销售及版权转让业务，成为国际上专业化的航空类出版公司。我国人口众多，特别是青少年读者数量在世界上首屈一指，而且许多青少年对航空怀有浓厚的兴趣，如果能出版一些适合这类读者的航空科普读物，就能发挥自己的优势，突出自己的特色，占领自己的市场。

基于以上两方面的考虑，我社将出版理念确定为：立足航空，面向航空，服务航空；以书为本，以书兴业，以书报国。

对于航空类图书，我社的设想是，出版好以下四大类图书。

一、航空类工具书

航空类工具书包括以下 3 个系列。

（一）语言类工具书

我社准备出齐一套包括世界主要语种的航空专业词典，即《法汉航空航天词典》《新俄汉航空词典》《汉英德俄航空航天词典》《英汉航空航天词典》《日汉航空航天词典》和《中国航空百科词典》。其中，前三种已经出版，后两种正在出版，《英汉航空航天词典》正在编写。上述工具书出齐之后，基本上能满足广大航空航天科技人员查阅外文资料的需要。

（二）资料类工具书

该系列工具书主要收集世界主要国家的航空机构、航空产品的基本资料和详细数据，包括《世界航空工业概览》《中国航空工业要览》《世界飞机手册》《世界直升机手册》《世界航空发动机手册》《世界飞机武器手册》《中国飞机》《世界著名航展集萃》等，这些图书大部分几经修订，多次再版，不断更新，为航空工业管理人员、设计人员、生产人员了解世界航空工业发展现状，制定我国航空工业发展方针提供重要参考。

（三）实用类工具书

这些工具书是我国航空工业实际工作的经验总结和国外航空工业先进技术的汇总精粹，用以指导实际工作。包括《飞机设计手册》《航空发动机设计手册》《航空制造工程手册》等，它们为航空系统的科研、生产和管理人员提供了一整套技术规范。

可以说，以上几个系列的工具书，构成了航空工业基础性资料的骨架，我们在以后的工作中，还要对此进行必要的补充、修改、完善，使之更加符合实际工作的需要。另外，我们还准备陆续出版光盘版，以满足广大读者的不同需求。

二、航空科技专著

如果说工具书是内容相对稳定的基础性资料，那么科技专著则代表了各个学科的发展前沿，是科技人员了解各学科发展水平的重要资料。由于航空专业学科划分较细，分支较多，而且科技知识更新迅速，因此，航空科技专著应该是航空出版工作的重头戏。但是，又由于其专业性强、读者面窄，此类图书亏损严重，我社没有足够的财力支持其出版，作者也因编写难度大、稿酬低，加之各学科带头人和技术骨干业务繁忙，所以科技专著的出版量在我社所占比重还比较小，一般都是由知名专家推荐、专业司局资助才得以出版。为了改变这种状况，我们准备建议有关部门，尽快建立“航空科技专著出版基金”，鼓励中青年专家著书立说，包括翻译国外先进的科技著作。

同时，建议航空科技管理部门在科研管理中采取一些措施，对大型科研项目或获奖项目，要求其在出技术成果的同时，也要出理论成果，并在科研经费中专门划出出版经费，使其理论成果得以公开出版和广泛传播，推动航空事业的不断发展。

三、航空院校教材

航空院校教材一直是我社出版工作的一个重要方面，在过去的十几年里，出版了包括国家重点教材和部级重点教材在内的大量航空院校教材，其中不少教材获得航空系统部级教材奖，或被国家教委评为优秀教材，较好地满足了航空院校的教学需要。

随着政府机构改革，各航空院校已分别划归国防科工委和地方政府管理，但我社为其服务的职能并未改变，我们要继续与各航空院校保持良好的合作关系，适应新形势下的新特点，做好航空教材的选题优化和出版工作，在已有基础上把这项工作做得更好，以满足各航空院校对航空教材的新需求。

四、航空科普读物

自古以来，人类就对航空充满向往，本世纪飞机的发明，开辟了人类航空的新纪元。在航空技术迅猛发展的今天，广大读者特别是青少年朋友，对航空知识更是充满了渴望。作为航空专业出版社，有义务为广大航空爱好者提供更多更好的航空科普读物。我们计划组织开发以下 4 个系列的航空科普图书。

（一）反映航空发展史和飞行原理的知识系列

该系列以文字为主，辅以适当的实物图和原理图，用通俗的语言和浅显的道理，把航空事业的百年历程和复杂深奥的飞行原理介绍给广大读者。我社已出版的《航空航天知识丛书》，正在出版的《航空百年丛书》，准备组织出版的《飞行奥秘丛书》均属于该系列。

（二）反映飞机型号的产品系列

该系列以近百年来各国设计生产的众多飞机型号为对象，以图文并茂的形式，向航空爱好者介绍各型飞机的外形、结构、性能、参数、特点及使用情况等。已出版的《简明世界飞机手册》《世界水上飞机手册》《世界飞机大观》等便属于此系列。我们还准备出版一套以世界名机为对象的介绍单一机种的图书，详细介绍各种飞机的研制目的、研制过程、结构特点、性能参数、武器装备等情况，满足“航空发烧友”对航空知识深层次的需求。

（三）反映飞机外形的图集系列

该系列以飞机外形图为主，配以简明的文字介绍，满足广大航空爱好者的收藏需要。因为飞机不仅具有战斗和运输功能，而且具有一定的艺术欣赏价值。已出版的《世界军机图册》《世界直升机图册》《世界轰炸机图册》《世界名机》等便属于此系列。以后根据情况，进一步开发出形式多样的飞机图片产品。

（四）反映飞机全貌的多媒体系列

该系列运用文字、图形、图像、声音等多媒体手段，全面介绍各型飞机的性能、外形、飞行动作等情况，让读者对飞机有更全面的认识。现已出版的《世界军用飞机》《中国飞机》光盘，分别介绍了多种世界著名军用飞机和中国主要飞机的情况，受到读者欢迎。我们还准备按飞机类别开发出不同系列的多媒体产品以及单一机种的多媒体读物，并适当增加一些反映飞机内部结构及飞行原理的图形及动画内容，更形象地向读者介绍航空知识。

科普读物的出版具有一定的难度，主要困难是作者难觅、发行不畅、规模较小、缺乏支持。科普作品难写、价低、影响小，水平高的人不愿写，水平一般的人写不了，这是目前全社会的共识，特别是知识系列的图书更是如此。我们一方面通过搞好发行、提高稿酬、扩大影响来逐渐培养航空科普作者队伍；另一方面适当引进一些版权，把国外优秀航空科普图书介绍给我国航空爱好者。同时，拓展销售渠道，设计好卖点，扩大发行量。增加系列、扩大规模是提高出版社知名度、扩大发行的有效手段。在自我努力之余，还要积极寻求社会各界的支持，使航空科普图书的出版更具活力，为航空爱好者提供更多的优秀产品。出版航空科普图书，不仅可以向社会读者传播航空知识，还能为航空事业培养后备人才。

除了上述航空类图书，我社还根据新闻出版署“立足本专业，面向大科技”的方针，出版一些非航空类的科技和教育图书。我社出版的电脑普及类图书、大学英语辅导类图书、考研辅导丛书、职业技能培训丛书已逐渐形成自己的品牌，在社会上产生了一定的影响，收到了较好的社会效益和经济效益。在今后的工作中，我们将发挥自己的优势，开发出新的品牌，形成一定规模的看家书系列。

在做好选题出版规划的基础上，还要进一步做好发行工作，使我们的图书真正走向市场，找到有需求的读者。除继续加强与全国新华书店的合作外，重点抓好自办发行工作。航空专业图书要做好系统内部及相关部门（民航、空军、海航、陆航等）的定向发行；航空科普读物要面向广大青少年读者，充分利用好各地的青年宫、少年宫、青少年活动室及学校图书馆，以及航空馆、航展等场所，同时要在航空类期刊上进行宣传并开展邮购，非航空类图书要加强与基层书店的联系，及时向他们提供本社新书信息和新书订单。

传统发行模式要坚持，现代化发行手段也要利用。在今后的发行工作中，要积极推进“网上书店”的建设，及时向社会读者发布我社的出版信息和可供书目，使读者购书更快捷、更便利。

有了好的工作设想，还要有能够实现设想的人，我们要不断加强干部队伍、编辑队伍和发行队伍建设，同时要稳定和扩大作者队伍，通过提高人才素质，使出版社的理想不断变成现实。

设备建设是出版社取得发展的另一关键因素。出版社在进行业务发展和队伍建设的同时，要重视出版手段的现代化建设，只有不断加强自身建设，才能跟上时代步伐，使自己在未来竞争中立于不败之地。

如果说队伍建设和设备建设是出版社的硬件建设，那么管理制度和奖惩措施则是出版社的软件建设。出版社要不断加强管理，建立自我约束机制，使出版工作在正确的轨道上前进，不断提高出书品位和出版质量。同时要制订适当的奖励措施，鼓励作者多写好书，编辑多编好书，发行多卖好书，真正实现出版社的自身价值。

同类小型出版社之间的横向联合与项目合作

在我国出版界，通过近几年的强强联合，出现了许多大的出版集团或出版联合体，逐渐形成了中国出版业自己的“大船”或“航空母舰”。但对于许多小型出版社，由于本身专业面窄，实力不强，加上分属不同的主管单位，要想实现实质上的联合，条件尚不成熟。但是，这些小型出版社，都有各自的优势，如果通过横向联合，加强同类出版社之间的合作，也可以办成一些“大事”，实现各自不能实现的目标，逐步增强自己的实力，并为以后联合创造条件。

国防科技工业系统现有四家中央级出版社，包括原子能出版社、宇航出版社、航空工业出版社、兵器工业出版社，这几家出版社类型相同，规模都不算大，专业面都比较窄，属于同类小型出版社的范畴。近几年，通过横向联合，共同组织出版了三套丛书，为联合出版探讨了一条可行的路径。

其一，是《国防科学技术知识普及丛书》。这套丛书包括 5 个分册，

本文为 2002 年 2 月召开的“第十三届全国科技出版社社长总编辑年会”交流材料，发表于 2002 年 5 月 15 日出版的《中华读书报》，收入本书时有少量修改。

分别为核能、航天、航空、舰船和兵器，主要介绍国防科技领域的基础知识、发展简史以及我国建国 50 年来国防科技工业取得的成就。该书以图为主，图文并茂，深入浅出地向读者介绍、宣传、普及国防科技知识。这套丛书于 1999 年出版，是由国防科工委出面组织，宇航出版社牵头，原子能出版社、航空工业出版社、兵器工业出版社、船舶综合研究院共同编撰出版的，在不到一年的时间内，完成了从立项到出版的全部工作，为国庆 50 周年献上了一份厚礼。

其二，是《国防科技名词大典》。这是我国第一部集国防科技工业各领域专业名词术语于一体的大型专业工具书，包括综合、核能、航天、航空、船舶、兵器、电子等 7 卷，全书共收词 20000 余条，彩色图表 6000 余幅，近 1200 万字。这套丛书于 2002 年 1 月出版，是由国防科工委出面组织，航空工业出版社牵头，原子能出版社、兵器工业出版社、航天情报研究所、船舶综合研究院、电子科学研究院共同组织编纂的。在编纂过程中，动员了包括两院院士在内的近 4000 位国防科技领域的专家、学者，用了两年时间，完成了这部大型工具书的出版工作。本书被列入国家“十五”重点图书出版规划。

其三，是《现代武器装备知识丛书》。这套丛书包括现代武器装备概论、陆军武器装备、海军武器装备、空军武器装备、导弹与军用航天器装备、核武器装备、化学生物武器与防化装备、电子战与信息战装备等 8 卷，主要介绍国内外现代武器装备的知识、作用和战例，以提高我军指战员的科技素养，使现代武器装备尽快形成战斗力。这套丛书是由总装备部出面组织，原子能出版社牵头，航空工业出版社、兵器工业出版社、总装情报研究所、船舶情报研究所、航天情报研究所、电子情报研究所和防化研究院共同组织编撰的，每卷都由院士或将军担任主编，可称为“院士与将军丛书”。该书于 2001 年年初启动，计划 2002 年上半年出版。

以上三套丛书，都是多领域、跨行业的综合性丛书，如果不采取联合出版的方式，像国防科技工业系统的小型出版社，任何一家都很难在这么短的时间内，在如此宽的领域里，组织众多不同专业的作者，编写出版一套综合性很强的丛书。由此可见，同类型的小型出版社，通过加强横向联合，也可以合作完成一些大的出版项目。

通过近几年的合作，我们总结出一些联合出版的优势以及应该注意的问题，供其他兄弟出版社开展横向合作时借鉴与参考。

一、联合出版的优势

（一）专业优势

每个出版社都有各自的专业领域，这是各自的特长。出版专业图书，无论是制订大纲、物色作者，还是审查书稿、编辑加工，每个专业出版社都具有其他出版社所不能比拟的优势。联合起来，可以覆盖所有相关的专业领域，使编撰出版综合性图书成为可能。

（二）人才优势

每个出版社都有一支相对稳定的作者队伍和自己的编辑队伍。但在短时间内组织起一支很强的作者和编辑队伍，来完成一套规模庞大的综合性丛书，一家小型专业出版社难以做到。如果几家出版社联合起来，集中优势兵力打歼灭战，不仅人才优势可以互补，而且出版进度也有保证。

（三）发行优势

除新华书店渠道外，每个出版社都有各自的专业发行网络，但发行这种综合性的丛书，单靠一家出版社难以做到。因为平时不发其他专业的图书，其发行网一般局限在本专业领域，涵盖不了其他专业领域的读者和用户。而联合起来搞发行，除了主发单位向新华书店、政府机关、部队单位、图书馆等成套发行外，还可以发挥各自优势，由各联合单位通过各自发行网络发行专业卷。

二、应注意的问题

（一）事先拟定编写方案、编写大纲和编写要求

由于是联合组织编撰，各卷由不同单位具体承担，编写格式、体例、规范较难统一。因此，必须由牵头单位事先制订详细的编写方案、编写大纲和编写要求，并适时提供编写样稿，以此统一各卷的编撰风格。

（二）统一编辑、出版、制作规范

各出版社都有各自的编辑、出版规范，排版、制作的风格也不一样，这就要牵头单位在征求各联合单位意见的基础上，提出一套用于统一本书编辑、出版规范的书面要求，并定期进行沟通、交流、检查、统一，以免造成大规模的返工。

（三）调整好各方面的利益关系

既然是合作出版，相互之间就有利益关系。牵头单位要顾全大局，协调好各方面的关系，最好在工作开展之前，与联合单位签订分包合同或合作出版协议，明确各自在编写、出版、发行过程中的责、权、利，调动各方面的积极性，促使合作更加成功。

虽然我们国防科技工业系统几家出版社在过去几年里进行了一定的合作，也取得了一些初步成果，但是还有不足之处需要总结。比如，前几次合作都是由上级机关出面组织，而不是彼此之间自发的联合。今后，我们要以此为基础，主动加强横向联合，策划出一些新的合作项目，充分发挥各自优势，增加自身实力，为国防科技工业的发展、为科技出版事业的繁荣贡献力量。

运用马克思主义世界观方法论 做好航天图书出版工作

摘　要　本文运用马克思主义世界观和方法论，分析了航天科研生产与航天图书出版之间的关系，指出了航天图书出版需要得到上级单位的支持，提出了促进航天图书出版工作的几项措施。

关键词　航天图书；出版；措施

引　言

马克思主义认为，物质是第一性的，意识是第二性的，物质决定意识的存在，意识对物质具有反作用。把马克思主义的普遍原理同具体的航天图书出版工作相结合，可以得出这样的结论：航天科研生产属于物质的范畴，航天图书出版属于意识的范畴，前者决定着后者的存在和发展，后者对前者具有一定的促进作用。因此，我们要自觉运用马克思主义世界观和方法论，做好航天图书出版工作，促进航天事业快速发展。

本文为中共中国航天科技集团公司党校毕业论文，2006 年 9 月被收入《领导干部进修二班论文集》，收入本书时有少量修改。

一、航天科研生产与航天图书出版具有良性互动作用

航天科研生产是航天图书出版的基础和动力，航天图书是航天科研生产的结晶和指南。没有航天科研生产的发展，航天图书不可能凭空产生；没有航天科研生产的需求，航天图书也就失去了存在的意义。反之，航天图书相对于航天科研生产，具有理论指导作用，它的良性发展，会加快航天科研生产的进程。

（一）航天图书来源于航天科研生产实践

中国宇航出版社自建社以来，共出版各类航天图书600余种，其专业分布如图1所示。

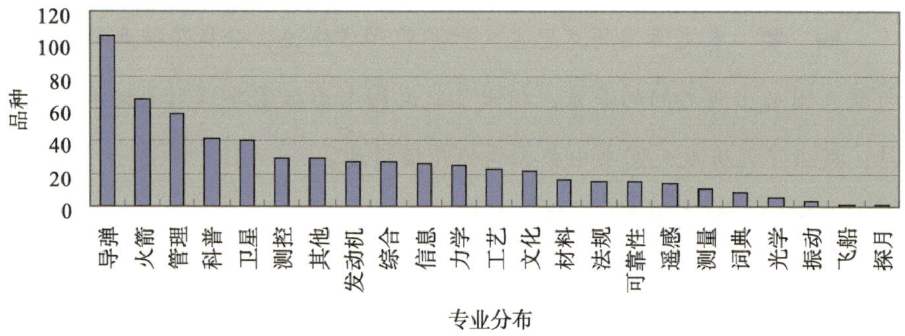

图1　中国宇航出版社航天图书专业分布图

从图中可以看出，各类航天图书的数量基本上与这个专业的发展历史成正比。我国的航天事业是从导弹起步的，导弹发展历史最长，此类图书也最多；火箭、卫星具有较长的发展历史，这两类图书也较多；测控、发动机等作为航天产品的主要分系统，其图书品种占有一定的份额；力学、工艺等基础性学科，其图书数量与其在航天发展过程中的历史地位基本相称；而载人飞船和月球探测的历史较短，出版的图书也最少。这充分说明，航天专业的发展，促进了人才、技术和经验的积累，形成了丰富的图书资源，对专业图书的出版形成了有力的支撑。这也从一个侧面证明，物质是意识

存在的基础，意识是对物质的反映。

（二）航天科研生产需要航天图书的技术支撑

任何事业都离不开理论的指导，航天事业也不例外。在航天事业的发展过程中，一方面，需要不断进行探索，掌握科学，发展技术，总结经验，形成理论，再反过来指导新的实践，并以科学、技术、文化等形式保存下来，传承给后人。另一方面，也要借鉴世界航天大国的先进技术与经验，不断缩小我国与世界航天先进水平的差距，并在此基础上加强自主创新，赶超世界先进水平。航天图书出版正是承担了这样的历史使命，具备了承载航天科学、凝练航天技术、传播航天文化的功能。

1956 年，我国决定创建自己的航天事业。世界著名火箭专家钱学森博士刚刚回到祖国的怀抱，便受党和国家的委托，组建了我国第一个导弹研究机构——国防部第五研究院。为了给刚刚建立的航天事业打好基础，钱学森院长亲自撰写培训教材——《导弹概论》，亲自授课，来培训我国第一代航天科技人员。

由于航天事业属于高科技行业，从业人员少，专业划分细，读者面向窄，航天图书的需求量和发行量都很有限，出版航天图书常常造成亏损。因此，一般出版社都不愿意出版专业性太强的航天图书。为了解决航天事业对航天图书的需求与航天图书出版难这一对矛盾，1980 年，当时的七机部决定成立自己的出版社——宇航出版社（2002 年更名为中国宇航出版社），以加大航天图书出版对航天事业发展的支持力度。26 年来，中国宇航出版社已经出版了 600 多种航天图书，对航天事业的发展起到了积极的促进作用。

20 世纪 80 年代，为了适应航天事业大规模发展的需要，当时的航天工业部组织了 3000 多名航天技术专家，编写了一套包括导弹、火箭、卫星、发动机等专业在内的 155 卷本《导弹与航天丛书》，这套丛书得到了广大航天科技人员的普遍欢迎，在航天科研生产过程中表现出很强的实用性，已成为我国航天系统工程的经典著作和代表性出版物，为提高我国航天科技发展水平、确立我国航天大国的地位打下了坚实的基础，作出了突出的贡献。这套丛书中的许多分册已销售完毕,供不应求,不得不重印再版，以满足航天科研生产之需。

进入新世纪，中国航天事业步入了一个新的发展阶段，许多年轻技术骨干走上了型号总指挥、总设计师的岗位。为了满足他们对航天科学、技术和管理方面的需求，国防科工委组织编写了一套《航天型号总指挥、总设计师必读》系列教材，已于2004年由中国宇航出版社出版，这套教材在航天型号总指挥、总设计师岗位培训工作中发挥了重要作用。

从我国航天事业的发展历史来看，航天科研生产需要航天图书的支撑，航天图书对航天科研生产产生了积极的推动作用。

二、上级单位支持是航天图书出版繁荣的决定性因素

任何事物都存在着矛盾运动，事物的矛盾是事物发展的内因，而内因是事物变化的根据，外因是事物变化的条件，外因通过内因而起作用。

航天科研生产与航天图书出版这一对矛盾，它们之间是相互依存、相互促进、相辅相成的。正是因为我国的航天事业快速发展，才给航天图书出版带来了可能与需求，航天图书出版才有了发展的必要。

但是，航天图书出版具备了发展的可能性和必要性，只是事物发展的内因，要想促使航天图书出版的快速发展，还需要适当的环境和条件。

（一）航天图书出版面临严峻的形势

按照中国图书馆分类法，我国图书共分为22大类，航空、航天是其中一类（在这类中，航空、航天数据没有细分，因此，将其作为一个整体

来分析）。根据2005版《中国出版年鉴》中的统计数据，2004年全国图书出版的分类情况如表1所示（由于版面所限，这里只列出了8类，包括最大的4类和最小的4类）。

表1　2004年全国图书出版分类统计表

类　别	品　种	比　重	印数/万册	比　重	码洋/万元	比　重
G文化、科学、教育、体育	83751	0.4054	495267	0.77580	3138497	0.5348
T工业技术	26924	0.1303	18813	0.02947	527756	0.0899
F经济	16442	0.0796	11638	0.01823	338197	0.0576
I文学	12633	0.0612	13657	0.02139	259063	0.0441
⋮	⋮	⋮	⋮	⋮	⋮	⋮
P天文学、地球科学	924	0.0045	345	0.00054	9082	0.0015
A马克思主义、列宁主义、毛泽东思想	664	0.0032	1601	0.00251	32597	0.0056
E军事	607	0.0029	446	0.00070	12809	0.0022
V航空、航天	108	0.0005	36	0.00006	1733	0.0003
合　计	206572	1	638399	1	5868680	1

从表1可以看出，在22个大类中，无论是品种、印数，还是码洋，航空、航天类均是最小的，与最大的文化、科学、教育、体育类相比，相差几个数量级。

由于航空、航天类图书需求量小，很难靠销售图书来盈利，因此，出版社出版此类图书的积极性不高，表2即表明了这一点。

由表2可以看出，7家航空、航天类出版社2004年共出版图书1900种，总印数3103万册，总码洋3.4亿元，而全国航空、航天类图书与之相比，分别占5.68%，1.16%和5.08%。这说明，即使在航空、航天类出版社中，航空、航天类图书的品种也很少，印数更是比其他图书低很多，这也是该类出版社进行出版转向的原因之一。

表 2　2004 年主要航空、航天类出版社出版图书统计表

序　号	出　版　社	品种	印数 / 万册	码洋 / 万元
1	国防工业出版社	557	2208	13499
2	航空工业出版社	205	190	4503
3	中国宇航出版社	194	154	3400
4	中国民航出版社	95	47	1263
5	北京航空航天大学出版社	266	148	4557
6	西北工业大学出版社	327	245	4852
7	哈尔滨工业大学出版社	256	111	2059
合　计		1900	3103	34133
全国航空、航天类图书出版情况		108	36	1733
全国航空、航天类图书占主要航空、航天类出版社出版图书的比重		5.68%	1.16%	5.08%

（二）航天图书出版与上级单位的支持密不可分

图 2 显示了中国宇航出版社自建社以来航天图书的出版走势。从图中可以看出，在 20 世纪 90 年代前期，中国宇航出版社的航天图书出版达到高峰，这主要是由于《导弹与航天丛书》处于出版高峰期，以及航天院校教材和职工培训教材的有力支撑。这一时期，表现出强有力的投资拉动特征。

而在 90 年代后期，《导弹与航天丛书》接近尾声，出版社的主管部门也由政府转变为企业，院校规划教材随之取消，航天图书出版失去了两大支撑，出版规模急剧下滑。加上出版社管理不善，遭到停业整顿，使出版社于 2000 年跌入低谷。

从以上分析可以看出，航天图书的出版受上级单位的影响比较明显。政府和行业的支持力度加大，航天图书出版就比较繁荣；政府和行业的支持力度不足，航天图书出版则比较萧条。

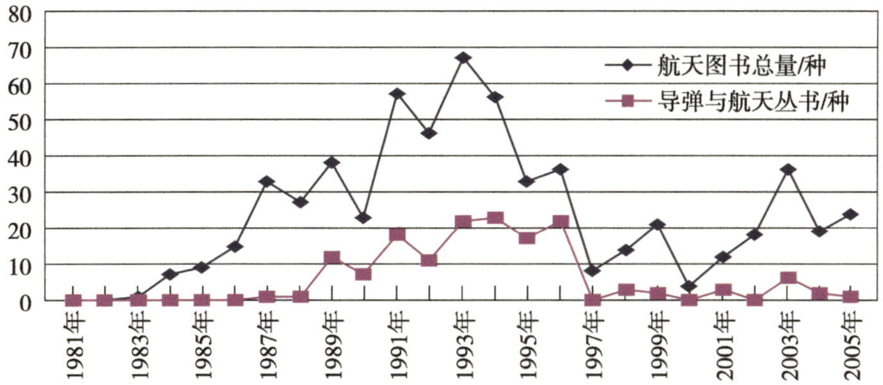

图 2　中国宇航出版社航天图书出版走势图

（三）航天图书出版需要上级单位的有力支持

由于航天图书需求量小，容易造成亏损，因此面临着严峻的不利形势。从航天图书出版的发展历史来看，其繁荣程度与来自上级单位的支持力度成正比。航天图书出版，是航天事业发展的需要，因此，作为政府主管部门和行业集团，有责任和义务对其给予有力的支持，而不能将亏损的包袱交给经济实力很弱的出版社承担，否则，将会严重影响航天图书出版的发展，进而影响到航天事业的发展后劲。上级单位只有加大对航天图书出版的支持力度，才能形成航天图书出版与航天科研生产的良性互动，最终对航天事业产生积极的促进作用。

有些部门为了支持本专业图书的出版，在所属的出版社设立了专业图书出版基金（资金），如总装备部在国防工业出版社设立了“国防科技图书出版基金”，中国一航在航空工业出版社设立了“航空科技图书出版基金”，国防科工委每年为委属大学出版社拨付教材出版经费。这些部门的做法，也从一个侧面说明了专业图书出版需要得到上级单位的有力支持。

三、促进航天图书出版工作的措施

任何事物都有其自身发展的规律，人们不能违背规律。但是，人们可以发现规律，掌握规律，发挥主观能动性，促使事物向着有利于自己的方向转化。

通过以上讨论，我们认识到：航天科研生产与航天图书出版之间存在相互依存、相互促进的关系；航天事业的发展为航天图书出版提供了可能与需求；航天图书是一个很小的出版领域，需要得到上级单位的有力支持。因此，我们要发挥主观能动性，采取必要措施，促进航天图书出版工作的更快发展。

（一）设立航天图书出版基金（或专项补贴）

由于航天图书本身不能盈利，必须依靠经费资助才能出版。如果上级单位设立了航天图书出版基金（或专项补贴），可以更广泛地调动航天科技人员著书立说的积极性，使航天系统的学术气氛更加活跃，使航天图书的出版规模逐步加大，对航天事业的推动作用不断增强。

（二）将航天图书出版工作纳入重大航天工程计划

神五、神六的发射成功，标志着我国已经成为世界上第三个掌握载人航天技术的国家，但是，我国载人航天技术图书的出版现状却与航天大国的地位很不相称。同时，我国的出舱活动、空间实验室和空间站建设，以及月球探测、深空探测也将逐步启动，这些重大航天工程都需要大量的技术图书作支撑。一方面，我们可以适当引进国外相关图书，参考借鉴先进航天技术，促进我国重大航天工程的发展。另一方面，应该在重大航天工程立项时，把图书出版工作列入其中，组织专家在工程研制过程中进行技术提炼与经验总结，在工程项目成功的同时，出技术、出经验、出思想、出人才，提高工程的影响力和借鉴力，做到技术发展与图书出版相辅相成、互相促进。

（三）重视航天图书的研发工作

除了争取上级单位的支持，作为出版社，也要注重航天图书的研发，加强与专业院所的联系，深入一线了解专业人员的需求，建立广泛的航天图书作者队伍，策划出紧跟时代步伐、反映学科前沿的航天技术专著，适应学习型组织要求、成熟稳定的培训教材，符合航天科研生产实际需要、高效实用的航天工具书，建成一个专业齐全、系列配套、层次递进的航天图书体系。

（四）注意已有图书的再版修订工作

理论对实践具有指导作用，但是，理论必须与时俱进，以适应变化了的实践要求。

随着航天科学技术的不断进步，航天图书的内容将逐渐老化，不适应新的航天科研生产实践需要。为了充分发挥已有图书的作用，应该适时地对已有图书进行修订再版，这样既节省人力、物力、财力，又可以使已有图书适应新的实践要求，为航天事业的发展发挥更大的作用。

参考文献

［1］马克思 . 关于费尔巴哈的提纲［M］. // 马列著作选编 . 北京：中共中央党校出版社，2002.

［2］恩格斯 . 致约・布洛赫［M］. // 马列著作选编 . 北京：中共中央党校出版社，2002.

［3］列宁 . 谈谈辩证法问题［M］. // 马列著作选编 . 北京：中共中央党校出版社，2002.

［4］毛泽东 . 实践论［M］. // 毛泽东著作选编 . 北京：中共中央党校出版社，2002.

［5］毛泽东 . 矛盾论［M］. // 毛泽东著作选编 . 北京：中共中央党校出版社，2002.

［6］中国出版年鉴社 . 中国出版年鉴［J］.2004. 北京：中国出版年鉴社，2005.

航天图书出版的现状与对策

摘　要　分析了17年来全国航空、航天类图书出版情况，描述了中国宇航出版社自建社以来发展的各阶段及面临的新挑战，试图揭示航天图书出版规律，从而提出各项对策建议，以加快航天图书出版发展步伐。

关键词　航天图书；出版；现状；对策

引　言

中国航天事业已经走过50年的光辉历程。在这50年里，航天事业从无到有，从小到大，从仿制练兵到独立研制，从技术跟踪到自主创新，经历了艰难的发展过程。在这个漫长的发展过程中，航天图书出版无疑在凝练技术、普及知识、训练技能、培养人才、总结经验、形成文化等方面对航天事业的发展起到了有力的推动作用。从钱学森博士亲自编写的《导弹概论》，到3000多名专家共同撰写的《导弹与航天丛书》，再到前不久出

本文曾在2006年10月21日召开的“首届航天科技出版研讨会”上宣读交流，并被评为优秀论文；后被收录于中国宇航出版社2006年10月出版的《首届航天科技出版研讨会论文集》。合作作者：张铁钧，邓宁丰，艾小军。收入本书时有少量修改。

版的《航天型号总指挥、总设计师必读》系列教材，这些具有标志性意义的图书，分别在中国航天事业不同的发展阶段，发挥过重要的历史作用，形成了响亮的图书品牌。

但是，还应看到，航天事业属于高技术行业，从业人员少，专业划分细，读者面向窄，航天图书的需求量和发行量都很有限。因此，出版航天图书不但不能像出版大众图书一样，可以凭借可观的发行量取得丰厚的回报，反而会因内容复杂、排版困难、短版印刷而增加成本，造成亏损。所以，除非有足够的经费支持，一般出版社都不愿意出版专业性太强的技术图书。正是这个原因，促使当时的七机部决定成立自己的出版社——宇航出版社（2002 年更名为中国宇航出版社）。26 年过去了，中国宇航出版社在航天图书出版方面起到了什么样的作用？当前航天图书出版的现状如何？今后我们在航天图书出版方面应采取何种对策？这些就是本文要探讨的问题。

一、全国航天图书出版情况分析

（一）航天图书出版在全国出版界的地位

按照中国图书馆分类法，我国图书共分为 22 大类，航空、航天是其中一类（在这类中，航空、航天数据没有细分，因此，将其作为一个整体来分析）。根据 2005 版《中国出版年鉴》中的统计数据，2004 年全国图书出版的分类情况如表 1 所示。

从表 1 可以看出，在 22 个大类中，无论是品种、印数，还是码洋，航空、航天类均是最小的，与最大的文化、科学、教育、体育类相比，相差几个数量级。航空、航天类图书不仅社会需求量小，出版社出版此类图书的积极性也不高，表 2 即表明了这一点。

表1　2004年全国图书出版分类统计表

类　别	品　种	比　重	印数/万册	比　重	码洋/万元	比　重
G文化、科学、教育、体育	83751	0.4054	495267	0.77580	3138497	0.5348
T工业技术	26924	0.1303	18813	0.02947	527756	0.0899
F经济	16442	0.0796	11638	0.01823	338197	0.0576
I文学	12633	0.0612	13657	0.02139	259063	0.0441
H语言、文字	10435	0.0505	15841	0.02481	319355	0.0544
J艺术	10067	0.0487	20562	0.03221	246272	0.0420
D政治、法律	9412	0.0456	11054	0.01732	197221	0.0336
R医药、卫生	8382	0.0406	6509	0.01020	172911	0.0295
K历史、地理	7204	0.0349	24032	0.03764	270582	0.0461
O数理科学、化学	4187	0.0203	4390	0.00688	83122	0.0142
B哲学	3312	0.0160	2698	0.00423	57398	0.0098
S农业科学	2697	0.0131	2208	0.00346	30418	0.0052
C社会科学总论	2366	0.0115	1733	0.00271	36409	0.0062
U交通运输	1755	0.0085	1463	0.00229	29813	0.0051
Z综合性图书	1748	0.0085	1820	0.00285	51408	0.0088
X环境科学	1016	0.0049	703	0.00110	16776	0.0029
Q生物科学	981	0.0047	574	0.00090	17471	0.0030
N自然科学总论	957	0.0046	3009	0.00471	19790	0.0034
P天文学、地球科学	924	0.0045	345	0.00054	9082	0.0015
A马克思主义、列宁主义、毛泽东思想	664	0.0032	1601	0.00251	32597	0.0056
E军事	607	0.0029	446	0.00070	12809	0.0022
V航空、航天	108	0.0005	36	0.00006	1733	0.0003
合　计	206572	1	638399	1	5868680	1
平　均	9390	0.045	29018	0.045	266758	0.045

表 2　2004 年主要航空、航天类出版社出版图书统计表

序　号	出　版　社	品　种	印数 / 万册	码洋 / 万元
1	国防工业出版社	557	2208	13499
2	航空工业出版社	205	190	4503
3	中国宇航出版社	194	154	3400
4	中国民航出版社	95	47	1263
5	北京航空航天大学出版社	266	148	4557
6	西北工业大学出版社	327	245	4852
7	哈尔滨工业大学出版社	256	111	2059
合　计		1900	3103	34133
全国航空、航天类图书出版情况		108	36	1733
全国航空、航天类图书占主要航空、航天类出版社出版图书的比重		5.68%	1.16%	5.08%

由表 2 可以看出，7 家航空、航天类出版社 2004 年共出版图书 1900 种，总印数 3103 万册，总码洋 3.4 亿元，而全国航空、航天类图书与之相比，分别占 5.68%，1.16% 和 5.08%，去掉科学出版社、北京理工大学出版社、国防科技大学出版社以及其他出版社出版的少量航空、航天类图书，7 家航空、航天类出版社出版的航空、航天类图书品种，仅占这些出版社出版图书品种总数的 5% 左右。而中国宇航出版社 2004 年出版航天图书 19 种，占当年图书出版品种的 10%，在 7 家出版社中，航空、航天类图书的比重算是比较高的。

从印数比重来看，航空、航天类图书的比重更低，仅占总印数的 1.16%，这说明，即使在航空、航天类出版社中，航空、航天类图书的印数也比其他图书低很多，这也是该类出版社进行出版转向的原因之一。

（二）航天图书出版的发展走势

从 1988 年到 2004 年，全国航空、航天类图书的出版走势如图 1 所示。

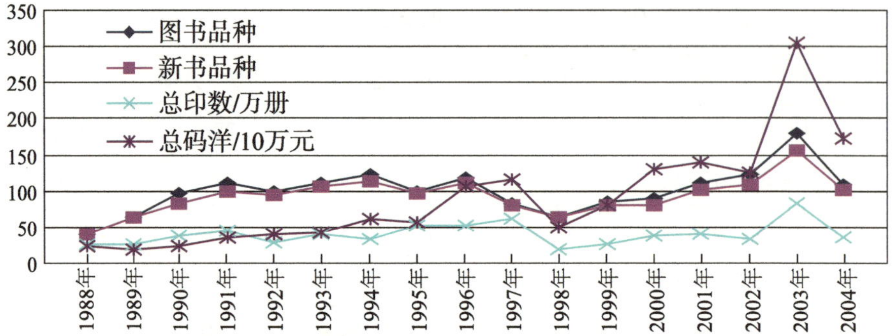

图 1　全国航空、航天类图书出版走势图

从图 1 可以看出，20 世纪 80 年代后期，航空、航天类图书增长速度较快，这是因为几家 80 年代中期成立的出版社（如航空工业出版社、北京航空航天大学出版社、西北工业大学出版社），此时逐渐进入正常出版状态。在 90 年代前期，航空、航天类图书的出版走势比较平稳，但从 1997 年开始出现下滑，到 1998 年进入低谷，2001 年之后又逐渐上扬。这说明，计划经济时期，航空、航天类图书的出版得到了较好的保障，但在向市场经济转轨阶段，航空、航天类图书的出版受到了比较大的冲击，经过几年的探索之后，又逐渐走出了低谷。特别是 2003 年，由于神舟五号载人飞船发射成功，有力地拉动了航空、航天类图书特别是航天科普图书的出版，产生了一个航空、航天类图书的出版热潮。但是，许多出版社为此投入了很多，但却收效不大，神舟六号发射后，航天科普图书少得多便是例证。

对照图 1 和后文中的图 2 可以看出，中国宇航出版社航天图书的出版走势与全国航空、航天类图书的出版走势有相似之处，也是在 80 年代后期开始增长，1991—1996 年处于高峰，1997—2000 年处于低谷，2001 年以后开始爬升，到 2003 年达到一个新的高峰。这一方面说明，中国宇航出版社受到了大环境的影响；另一方面也说明，在一个专业性很强的小出版领域，由于同类出版社不多，其他出版社又缺乏该专业的竞争实力与竞争动力，一个出版社的表现往往会对这一出版领域的发展走势产生很大的影响。

（三）航天图书出版的竞争形势

航天专业图书的主要竞争对手是表 2 中除中国民航出版社（该社主要以出版民用航空图书为主）以外的 6 家出版社，总体上看，这些出版社拥有的表观出版能力（指一般意义上的出版复制能力，亦即将书稿变成图书的能力）远远超出需求。

从表观出版能力上看，国防工业出版社有着得天独厚的竞争优势，这不仅是因为其有 50 多年的出版经验与资源积累，而且还有来自上级稳定的经费支持，以此吸引着很大的国防科技作者群，也分流了不少航天图书的宝贵资源；航空工业出版社凭借其专业出版能力与航天相近的特点，也吸引了一部分航天图书的出版资源；3 家大学出版社则凭借其特有的学校特色和作者群比较集中的特点，在航天教材及学术著作的出版方面有着特殊的优势，且得到国防科工委教材出版经费的支持。

航天科普图书的竞争对手相对较多，许多出版社为了抢航天高科技这个亮点，或为了借航天图书资源的稀缺性而获奖，从而实现提升其社会影响力之目的，不顾科普图书经济效益低下的现实，也纷纷加入竞争。与此同时，由于缺乏专业编辑队伍而产生了大量质量低劣的航天科普图书。

二、中国宇航出版社航天图书出版情况分析

中国宇航出版社自建社以来，共出版各类航天图书 611 种，其中既包括《导弹与航天丛书》《航天型号总指挥、总设计师必读》《导弹百科辞典》等大型丛书和工具书，也包括《防空导弹设计》《液体火箭发动机现代工程设计》《卫星导航原理与应用》《载人航天飞行中的事故与灾难》《月球科学概论》等科技专著与译著，还包括《航天工艺基础知识培训教材》《航天各类班组长质量培训教材》《航天制造技术》等培训用书，《航天企业文化读本》《航天人生》《天河圆梦》等航天文化作品和《图解载人航天丛书》《飞天的故事》《神舟六号航天专家告诉你：100 个航天秘密》等科普读物。

特别是20年前开始编纂出版的155卷本《导弹与航天丛书》，已成为我国航天系统工程的经典著作和代表性出版物，在中国出版界占有一定的地位。这些图书的出版，为提高我国航天科技的发展水平、确立我国航天大国的国际地位打下了坚实的基础，作出了突出的贡献，也为弘扬航天精神、培养航天人才发挥了应有的作用。

（一）中国宇航出版社航天图书出版走势

中国宇航出版社的航天图书出版经历了起步阶段、爬升阶段、高峰阶段、下滑阶段和恢复阶段，如图2所示。

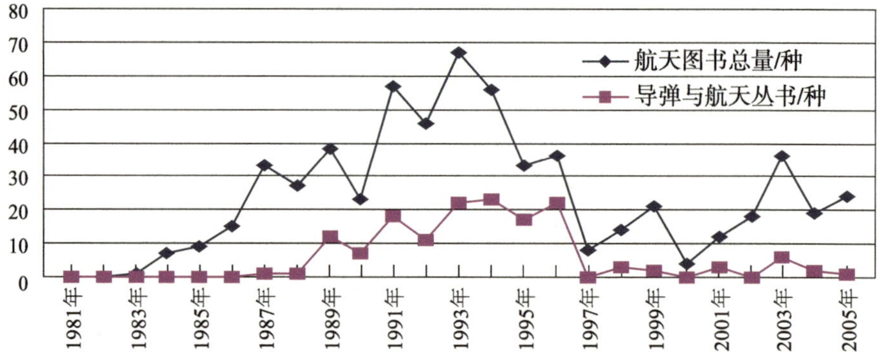

图2　中国宇航出版社航天图书出版走势图

（1）起步阶段

中国宇航出版社成立于1980年8月30日，成立之初，人、财、物、信息、技术、经验尚不完备，需要有一个准备、酝酿过程，加上图书出版本身需要一个较长的周期，因此，航天图书的出版工作在两三年内迟迟没有结果，直到1983年年底才出版了第一本书。

（2）爬升阶段

在以后的几年里，出版规模逐年攀升，到20世纪80年代后期达到年出版航天图书30种左右的规模。在这一阶段，主要有两个因素促使航天图书规模的快速增长。一是当时我国尚未加入国际版权公约，翻译出版国外作品无须取得著作权人的许可，因此，在此阶段出版了不少航天译著，如 1987 年出版的 33 种图书中，翻译作品就占到了 13 种；二是《导弹与航天丛书》开始启动，1987 年出版了第一种，1989 年出版了 12 种，使当年的航天图书总数达到了 38 种。

（3）高峰阶段

在 90 年代前期，中国宇航出版社的航天图书出版达到高峰。1991—1994 年，每年都有五六十种的出版规模，1995 年、1996 年出版品种也在 30 种以上。这一阶段，主要是《导弹与航天丛书》处于出版高峰期，出版量每年都在 20 种左右，加上航天院校教材和职工培训教材的有力支撑，使 1993 年创下了 67 种航天图书的最高纪录，这一年，出版《导弹与航天丛书》22 种，院校教材和职工培训教材 23 种。这一时期，表现出了强有力的投资拉动出版特征，出版队伍得到了培养，专业出版策划也更加深入。

（4）下滑阶段

到了 90 年代中后期，《导弹与航天丛书》出版接近尾声，出版社的主管部门也由政府转变为企业，院校规划教材随之取消，航天图书的出版失去了两大支撑，出版规模急剧下滑。出版社未能及时从战略上确定自己的发展途径，也未能促请相关部门建立新的航天图书出版机制，而是与其他专业出版社一样，试图在非专业领域进行探索。但是，由于自身在大众图书领域缺乏经验，也没有足够的经济实力，便采用了借船出海的办法，与一些文化公司及无图书出版权的电子出版社进行合作，出版社自身在外语图书、出国留学图书、教辅图书等方面作了非常有限的探索。市场的初步尝试是很艰难的，总体上未获成功，加之多方面的原因，出现了管理上的混乱，以致遭遇停业整顿，使出版社于 2000 年跌入低谷，全年只出版了 4 种航天图书。客观地看，在这一阶段，社领导还是非常重视航天图书出版的，只是未能从整体上取得突破。1999 年，社领导争取到了国防科工委组织编写的一套《国防科学技术知识普及丛书》（共 5 卷），加上有 2 种《导弹与航天丛书》在当年出版，使这一年出现了一个局部的航天图书出版高峰（21 种）。

（5）恢复阶段

2001 年，出版社新领导班子重新确立了“立足航天，面向市场”的立社宗旨，一方面在市场上探索大众图书出版规律，另一方面加强航天图书出版力量，深入专业院所调查研究，加大外版图书引进力度，并以航天重大型号和重大活动为契机，深入挖掘图书资源，使航天图书出版开始走出低谷，在航天系统内部，逐步恢复了出版社的形象，增强了专业人员对出版社的信心，在“十五”期间达到年平均出版 20 种以上，并于 2003 年达到了 36 种的新高峰。实事求是地分析，这一时期，出版社的生存环境比过去的 10 年更为严峻，能对航天图书有所拉动，实属不易。

（二）中国宇航出版社航天图书结构分析

按照图书内容，将中国宇航出版社历年出版的航天图书大体分成 5 个大类，如图 3 所示。从图中可以看出，在几个大类中，航天产品和航天技术占主导地位，分别有 240 种和 226 种，航天管理和航天科普次之，分别有 94 种和 42 种，航天工具书最少，只有 9 种。下面分别分析一下各个大类的构成情况。

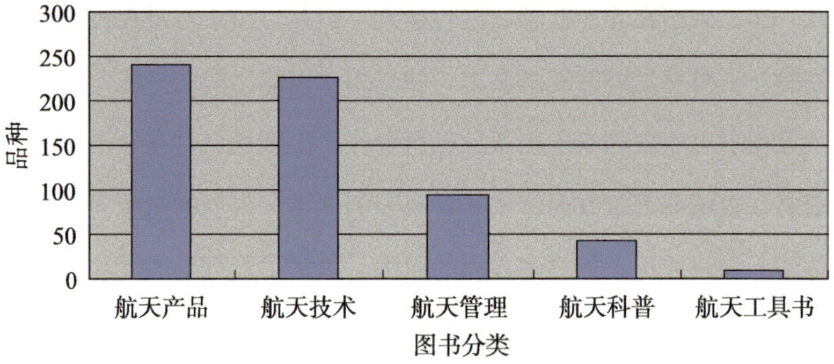

图 3　航天图书分类图

（1）航天产品类图书

此类图书是针对特定的航天产品（或航天活动）而编写的，这些航天产品（或航天活动）包括导弹、火箭、卫星、飞船（或载人航天活动）、空间探测器（或空间探测活动）和发动机等。从图 4 可以看出，各类航天产品图书的数量基本上与此类航天产品的发展历史成正比。导弹发展历史最长，此类图书也最多；火箭、卫星具有较长的发展历史，这两类图书也较多；测控、发动机等作为航天产品的主要分系统，其图书品种占有一定的份额；而载人飞船和月球探测的历史较短，出版的图书也最少。这一方面说明，航天图书出版是与航天产品需求密切相关的；另一方面也说明，航天产品的发展，促进了人才、技术和经验的积累，形成了丰富的图书资源，对航天图书的出版形成了有力的支撑。

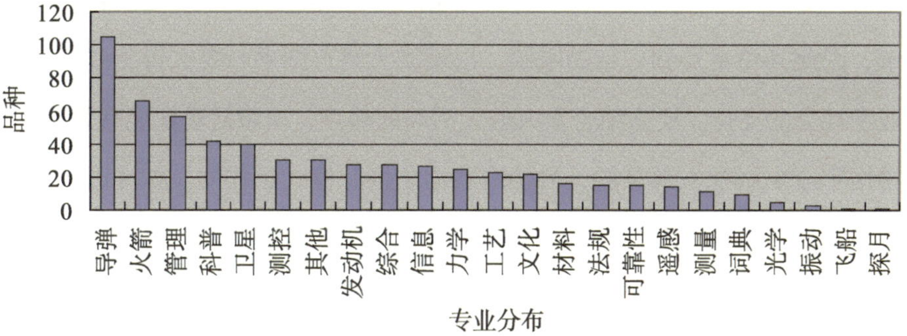

图 4　航天图书专业分布图

（2）航天技术类图书

此类图书的内容不针对具体的航天产品（或航天活动），主要指航天应用技术和应用基础研究的各专业范畴。各专业的应用广度、从业人员多少及学术活动频度不同，在出版物的数量上也有所反映。

（3）航天管理类图书

此类图书包括狭义的管理类图书，也包括企业文化类和法律法规类图书，后两类属于广义的管理类图书。航天事业技术复杂、专业面广、协作配套多，属于大型系统工程，管理工作尤其是系统工程管理在航天事业发展过程中具有重要作用。伴随着航天事业的起步、发展和壮大，在形成物质产品的同时，也积累了丰富的管理经验，这一类图书共出版了 50 多种。随着社会主义市场经济的发展，作为市场主体的企业，越来越重视企业文化建设，因此，有 20 多种文化类图书问世。法律法规类图书既包括行业内部的规章制度建设，也包括国家层面的普法教育读本，在社会主义法制社会，也有很强的现实必要性。

（4）航天科普类图书

航天科普是向社会公众介绍航天知识的大众读物，不仅要具有科学性、技术性、知识性，还要具有可读性、通俗性、趣味性，因此，航天科普创作有一定的难度。同时，由于科普图书属于选择性读物，不是读者刚需图书，因此其销量受到一定的限制。出版航天科普图书，要么得到政府、行业和社会的支持，要么结合重大航天活动的热点，出版活动才能有效展开。中国宇航出版社大部分航天科普图书均是按此模式运作的。如《国防科学技术知识普及丛书》《叩开太空之门》得到了国防科工委的支持，《图解载人航天丛书》得到了中国航天科技集团公司的支持，《神舟六号航天专家告诉你：100 个航天秘密》得到了北京科普创作出版专项资金的支持，正在组织编写的《中国载人航天科普丛书》得到了总装备部的支持。其他图书主要是借神五、神六成功发射的热点分别于 2003 年（11 种）和 2005 年（8 种）出版的。如果离开了政府、行业和社会的支持，又不能借助航天活动热点，仅靠出版社自身的力量，担负起向社会公众普及航天知识的重任，是不切实际的。

（5）航天专业工具书

这里所说的工具书主要指的是综合类词典，另有 13 种导弹词典归入了导弹类。从这里可以看出，航天专业工具书（包括各类设计手册、材料手册、产品手册）的出版还很欠缺，与航空专业相比处于劣势，是今后应重点加强的出版领域。但是，工具书的编写涉及许多单位、众多人员和大量经费，需要由政府或行业出面组织并给予经费支持，如航空工业出版社牵头出版的《国防科技名词大典》是由国防科工委组织并支持的，《飞机设计手册》《航空发动机设计手册》是由航空工业主管部门组织并支持的；《导弹与航天丛书》是由航天工业主管部门组织并支持的。

三、分析结论

通过以上分析，可以得出以下结论。

1）航天事业属于高技术行业，从业人员少，专业划分细，读者面向窄，航天图书的需求量和发行量都很有限。航天是最小的出版领域之一，不仅品种缺、印数少，重印率也低；不仅社会需求量小，出版社出版此类图书的积极性也不高，就连几家航天专业出版社也把主要精力转向了读者面广的大众出版领域。

2）航天图书出版受政府和行业的影响比较明显。政府和行业的支持力度加大，航天图书出版就比较繁荣；政府和行业的支持力度不足，航天图书出版就比较萧条。航天图书的出版对航天事业的发展具有基础性的推动作用，因此，政府和行业应加大对航天图书出版的支持力度。

3）从横向竞争层面来讲，虽然出版社出版航天图书的积极性有限，但是，在有上级经费支持的情况下，加上作者单位适当的资助，一些出版社还是会积极争取良好的图书资源，以形成自身的专业优势。像国防工业出版社有总装备部“国防科技图书出版基金”的支持，航空工业出版社有集团公司“航空科技图书出版基金”的支持，大学出版社有国防科工委教材出版经费的支持。航天行业应尽快建立自己的“航天图书出版基金（专项补贴）”，加大对中国宇航出版社专业图书的支持力度。

4）从中国宇航出版社的发展历史看，上级的支持与自身的稳定是航天出版繁荣发展的基础。从图 2 可以看出，航天图书的总量走势与《导弹与航天丛书》的走势具有强相关性，《导弹与航天丛书》出得多，则出版总量上升；《导弹与航天丛书》出得少，则出版总量下降。由于《导弹与航天丛书》的支撑，加上规划教材的加盟，使 20 世纪 90 年代前期成为航天出版的高峰。同样，出版社领导班子团结，员工队伍稳定，则出版形势发展良好；反之，出版形势则会急剧下跌。图 2 曲线有 3 个低谷，分别出现在 1990 年、1997 年和 2000 年，而在这 3 个年头，出版社曾因出现各种问题，分别被新闻出版署和集团公司进行过停业整顿。

5）航天产品图书和航天技术图书构成了航天图书的主体。航天产品图书的数量与航天产品的发展历史成正比，航天技术图书的数量与航天技术的应用广度成正比。载人航天的历史较短，空间实验室和月球探测则刚刚起步，这些细分领域的图书还很少，而这些重大航天工程已经进入快速发展时期，需要大量的技术图书作支撑，因此，应迅速加大这几个细分领域专业图书的出版力度。

6）航天科普图书与航天工具书分别属于为社会公众和行业公众提供的读物，且编写难度大，经费需求多，发行数量少，因此，需要得到政府、行业和社会的支持。航天科普还应借助重大航天活动的热点，满足社会公众的求知欲，增加航天科普的影响力，扩大科普图书的发行量。

四、对策建议

为了搞好航天图书出版工作，现提出以下对策建议。

（1）尽快设立航天图书出版基金（专项补贴）

在缺乏大规模计划项目的情况下，仅仅依靠横向选题，很难形成航天图书的出版优势，因为航天图书本身不能盈利，必须依靠经费资助才能出版，但并不是每个作者或作者单位都有经费来源。在此情况下，一部分书稿被束之高阁，另一部分转向国防工业出版社、科学出版社等设立出版基金的出版单位。如果有了航天图书出版基金，加上作者自筹部分经费，出版社依靠图书发行回收部分资金，则可以更广泛地调动广大科研人员著书立说的积极性，使航天图书的出版规模逐步加大，对航天事业的推动作用不断增强。可以说，航天图书出版基金是航天图书出版的发动机，是活跃航天学术氛围的助推器，其潜在经济效益将被放大很多倍，属于花小钱办大事。

（2）将航天图书出版工作纳入重大航天工程计划

神五、神六的成功发射，标志着我国已成为世界上第三个掌握载人航天技术的国家，但是，我国载人航天技术图书的出版现状却与航天大国的地位很不相称。同时，我国的出舱活动、空间实验室和空间站建设，以及月球探测、深空探测也将逐步启动，这些重大航天工程都需要大量的技术图书作支撑。一方面，我们可以适当引进国外的相关图书，借鉴世界的先进技术，促进我国重大航天工程的发展。另一方面，应该在重大航天工程立项时，把图书出版工作列入其中，组织专家在工程研制过程中进行技术提炼与经验总结，在出实物成果的同时，出技术、出经验、出思想、出人才，提高工程的影响力和借鉴力，做到技术发展与图书出版相辅相成、互相促进。

（3）重视航天图书的研发工作

1）加强航天工具书的编纂、出版工作。工具书的数量和质量，是一个行业技术水平是否成熟与稳定的标志。专业齐全、不断更新的工具书，不仅可使现职技术人员提高工作效率，保证工作质量，而且能够让新员工尽快适应工作环境，进入工作状态（每个航天新员工都渴望拥有一套《导弹与航天丛书》便是一个极好的例证），同时还是一个行业积累知识、固化技术、传承文化的有效载体。因此，政府部门或行业集团对航天工具书的出版工作应给予足够重视，树立长远发展的观点，积极组织航天科学技术专家编纂、修订航天工具书，并在经费上给予支持。出版社更应该积极参与此项工作，在撰写、编辑、出版等方面进行支撑、协调与配合，以加快航天工具书的出版进程。

2）加强航天教材及其体系的研发工作。自从航天工业总公司分成两个集团公司、航天院校划归政府部门后，教育司和教材编审室的编制被取消，院校教材也相应地划给了几家大学出版社出版。但是，集团公司有近10万名职工，每年还要录用几千名高校毕业生，按照学习型组织的建设要求，需要对新参加工作的高校毕业生进行岗前入门培训和航天基础知识培训，需要对在职职工进行岗位继续教育，按照创新性组织要求，还要对相关专业人员进行一系列专业化培训，因此，航天培训教材的研发工作十分重要。集团公司人力资源部应该有一个长远的航天教材研发计划，并建立起航天教材研发体系，每年组织编写几种航天教材，经过长期积累，形成航天培训教材系列，以满足集团公司培训工作的需要。

3）加强航天图书出版网络建设。除了争取上级单位的支持，作为出版社，也要加强与专业院所的联系，深入一线了解专业人员的需求，建立航天图书作者队伍，更好地为专业作者提供出版服务，为专业读者提供急需图书。同时，还要争取专业院所的支持，与专业院所在细分专业领域加强合作，使专业出版与专业发展良性互动。

4）扩大出版社经济规模，增强航天图书出版实力

由于航天图书是一个专业面极窄的出版领域，因此其本身需要的编辑队伍并不大。但是要维持一个出版社的正常运转，还需要一个最小限度的支持队伍和一个与整个队伍相适应的经济规模。这就要求出版社一方面加大航天图书的出版力度，另一方面加大市场图书的开发力度，以市场图书的规模来消化支持队伍的成本，以市场图书的效益来弥补航天图书的亏损，

以整体规模和效益推动出版社的发展。

5）坚持出版理性，立足航天，面向市场，团结协作，稳定发展

今年，是“十一五”时期的开局之年，也是航天事业创建50周年，中国宇航出版社已经制定了“十一五”规划，准备在“十一五”末期达到出版80种航天图书的规模。只要我们牢记“立足航天，面向市场”的立社宗旨，坚持出版理性，团结协作，稳定发展，不违规，不停步，就一定会在“十一五”期间有一个大发展。首先，在“十五”获得良好发展的基础上，抓住航天事业创建50周年的有利契机，使航天图书在2006年达到30种以上的出版规模，恢复到20世纪80年代末的水平；然后，在上级单位的支持下，争取在2008年左右达到50种以上的出版规模，恢复到20世纪90年代前期的水平；最后通过出版社自身努力，构建航天图书出版网络，提高航天图书策划能力，将航天图书做深做透，并逐步向整个国防科技领域延伸，在2010年达到80种图书的出版规模，创中国宇航出版社历史新高，使以航天图书为主体的科技图书真正成为我社立足的平台，为实现中国宇航出版社建立和谐的、研究型的和现代的科技出版强社的“十一五”目标奠定基础。

航天专业出版在航天文化建设中的作用及发展着力点

党的十七届六中全会提出了推动社会主义文化大发展大繁荣的奋斗目标，这一重大决策为加快和加强航天文化建设，建立健全航天文化建设的支撑、保障和服务体系，实现航天文化事业全面、协调、可持续发展指明了方向。

航天文化是社会主义文化的重要组成部分，是中华民族优秀文化在新时期的具体体现。全面推进航天文化建设，不仅对于航天科技工业的新发展具有重要意义，而且对于我国社会主义文化大发展大繁荣、建设文化强国也将起到积极的促进作用。

航天专业出版是航天文化建设的重要组成部分，对于促进航天文化事业的快速发展，特别是充分发挥航天文化建设对航天事业发展的支撑作用具有非常重要的意义。

一、在航天文化建设中的作用

科技出版在传承科技成果、支撑科技创新、普及科学知识、提高全民

本文发表于《航天工业管理》2015 年第 5 期，合作作者：邓宁丰，张铁钧，曹晓勇，范占英，收入本书时有少量修改。

科学素质中承担着重要使命。航天专业出版作为科技出版的一部分，也是航天科技工作的重要组成部分，是一项基础性的、为航天事业发展提供智力支持的工作，在总结航天经验、传授航天知识、培养航天人才、传播航天文化和传承航天精神等方面具有重要作用。

中国宇航出版社及其前身成立30多年来，出版了上千种航天图书，其中包括专著、译著、教材、工具书、科普读物等科技及管理类图书，以及企业文化、人物传记等文化图书。这些图书所蕴含和承载的科学技术、知识体系与航天文化，对航天事业的发展起到了重要的引领、支撑作用，对航天人才队伍的培养及社会影响力的形成起到了基础性的保障作用，增强了全社会对航天的认识，扩大了航天的社会影响力，吸引了全社会对航天的关注与支持，提高了中国航天的国际威望。

航天科技专著作为航天科技知识固化和传承的重要载体，是航天出版活动的核心。航天科技工业作为高科技领域的领头羊，科技创新是其重要特征；同时航天工程又是一个多学科、多专业有机结合的综合性技术体系，是在总体思想指导下的大规模系统工程。技术的不断进步是航天科技工业发展最主要的推动力。因此，航天科技专著是科研生产的技术支撑和保障，在某种程度上还能起到技术规范的作用，对于提高型号研制质量、优化型号研制流程、规避型号技术风险都具有重要作用。

将航天科技工作者在探索与实践过程中创造和积累的知识财富传承下来，可以指导新时期的航天重大工程实践，促进航天科技成果在更加广阔的领域推广应用。例如，《导弹与航天丛书》是3000多位航天科技工作者历时20余年编写完成的，从导弹武器、运载火箭和空间飞行器等航天产品的设计、研制、生产、试验等各个方面，系统总结了在实践中形成的理论、方法和工程经验，已成为航天人广泛使用的必备工具书和教材。

航天译著通过选取国外航天科研生产的最新成果和技术研发的最新进

展，对我国航天科技工业起到借鉴和指导作用。中国宇航出版社结合我国航天科研生产实际，从国外引进了一批有代表性的航天科技著作，并与世界航天大国的相关研究机构及国际知名出版公司建立了广泛的合作关系。

航天教材是航天人才培养的重要载体和支撑，特别是航天专业教材源于航天工程实践，对航天人才培养起到了重要的促进作用。由于航天的培训工作不同于其他行业，有着强烈的自我学习和自我发展要求，因此，通过建立完善的培训教材体系对各种层次的人员提供培训依据，是航天事业薪火相传、不断发展的必然要求。

航天科普图书是向社会读者传递航天科技知识的普及类读物，从而构建起连接航天与社会大众的桥梁，在向社会大众普及航天科技知识的同时，也宣传了航天事业。

航天文化图书是反映航天历史、折射人文精神、宣传企业文化的特色鲜明的图书系列，中国宇航出版社瞄准传播航天文化、传承航天精神的目标，出版了反映科研院所发展历程的《七彩天路系列丛书》，反映航天专家奋斗人生的《天穹记忆系列丛书》，反映航天事业奠基人钱学森带领航天人创造辉煌业绩历程的《“钱学森与中国航天”丛书》等，这些优秀图书将历久弥新，影响一代又一代航天人，乃至全国其他行业的广大科技工作者。

二、国内外相关出版工作现状

世界航天发达国家都高度重视航天技术的传承和积累。美国作为航空航天技术最发达的国家，众多的航天科研机构在长期的科研活动中创作了大量的科技图书，例如 AIAA 的 *Progress in Astronautics and Aeronautics Series*，*AIAA Education Series*，*Library of Flight Series* 各成体系，从不同的角度积淀航天知识，促进美国航天事业的发展。国际各知名出版公司也都有成系列的航天专业图书，如 Springer 出版公司的 *Space Technology*

Library Series 和 *Space Technology Proceedings Series*，经过多年的发展，都拥有了几百个品种，成为业界知名的航天系列图书品牌。此外，Springer公司还有 *Studies in Space Policy*，*Space Exploration* 等图书系列。

国内各科技行业也很重视专业科技图书的出版工作。例如，化学工业出版社以化学化工专业的从业人员和研究生为读者对象，出版了化学、化工、环境、安全、能源、材料等系列科技专著和教材；中国铁道出版社出版了《铁路信号系列丛书》《工务电务系列丛书》《机车车辆系列丛书》。

近年来，我国的航天科技工业发展迅速，航天事业在国家整体发展战略中的地位与作用日益突出，在若干重要技术领域跻身世界先进行列。航天科技工业的发展对航天专业出版在文化和技术的传承、传播及整合过程中的作用提出了更高的要求。但从整体来看，无论与国际上先进的航天专业图书出版公司还是与国内其他行业专业出版社相比，国内航天图书出版整体规模不大，成体系构建不足，落后于技术发展和型号研制需要，一些有效的研制方法和经验还不能很好地得到推广，一些接口还不能用图书来规范和平滑，与中国航天在国际上和国民经济发展中的重要地位不相匹配。同时航天专业作者埋头科研，对于著书立说缺乏有效组织，积极性未能得到充分发挥，从而使得航天技术传承、传播以及新技术跟踪受到一定的制约。

三、繁荣航天出版的着力点

（一）加强航天科技图书的策划与出版

航天科技图书应成为航天事业发展的桥梁，联结过去、现在和未来。航天科技图书的出版既需要科研一线作者群体的高度重视，也需要有专业研究能力的出版队伍来策划与组织。一方面，策划出版一批能够总结、归纳、积累航天科学、技术、方法、经验的航天工程技术著作，为后续航天工程项目以及国家其他行业的技术发展路径提供指导和借鉴，如以《导弹与航天丛书》后续书系为基础建设的《航天型号工程丛书》、搜集整理航天院士专家著作构建的航天院士专著书系，以及体现航天中青年科技领军人才科研水平和学术成果的中青年科学家专著书系等；另一方面，策划出版一批能够探索、研究和展望未来航天新学科、新技术、新方法、新路径的航天科技学术著作，瞄准航天科技前沿，引领专业技术发展，牵引航天科技进步，促进国家整体科技水平提升，如出版《中国航天技术进展丛书》《影响未来航天发展的关键学科丛书》。

（二）加强航天教材研发

航天科技工业涉及多学科、多专业，也必然需要多方面的人才，而且各类人才又必须在精通本职工作的同时，了解相关关联工作。因此，航天的教育培训教材研发工作兼具专业性和特殊性。我们要按照航天人才队伍的构建要求，策划出版一系列培训教材，提高航天型号产品的设计、研制和生产水平，促进航天产业发展。同时，出版研究生系列培训教材和各类专项教材，满足航天产业可持续发展的需要。

（三）加强航天管理图书的策划和出版

航天科技工业作为我国高科技发展的杰出代表，不仅出技术、出人才，也出思想、出经验。航天系统工程管理思想、组织运行管理方法、工程型号管理经验以及技术发展路径等都对其他行业的发展有着重要的借鉴意义。在这些方面，航天科技图书和管理图书认知度高、传播范围广，能对航天科技和管理文化的传播起到不可替代的作用。我们要站在传播航天科技和管理文化的高度，出版一批能够总结航天管理经验的专著，从而有效地促进航天管理经验的传播，使航天事业不仅成为国家引领高科技发展的重要领域，还能成为国家先进管理思想和方法实践的基地。

中国航天事业即将走过60年的发展历程，建议适时推出《中国航天管理60年》《航天系统工程的运行与实践》等图书，全方位介绍中国航天的管理实践和经验。

（四）加强航天知识的系统积累及工具书的出版

工具书编纂和出版是对已有知识的系统集成，是出版的高级阶段。中国航天科技工业经过 50 多年的发展，形成了大量的知识积累和文献积累，将这些知识和文献整理、汇总，形成成熟可靠、叙述准确、重点突出、概括性强的工具书，既可以供航天从业人员查找使用，解决科研生产中遇到的问题，提高科研生产效率，又可以促进多型号、多学科间的交流沟通。

航天工具书出版可分为三个层次，一是通用工具书，如《英汉导弹与航天词典》《汉英导弹词典》等；二是专业技术工具书，如《惯性技术词典》等；三是型号工程工具书，如《世界航天运载器大全》《世界防空反导导弹手册》等。航天工具书的编纂工作是一项长期的基础性工作，有序推进，才能在一段时间后取得成果。

（五）加强国际交流与合作

我国的航天事业起步较晚，与世界航天技术发达国家相比还有一定的差距。在中国航天事业发展过程中，除了依靠自力更生、自主创新外，还要借鉴世界先进航天技术。通过引进国外先进的航天技术著作，比如出版《世界航天经典译丛》和《世界航天技术前沿译丛》，一方面，可以为我国重大航天工程提供参考与借鉴；另一方面，也有利于我国密切跟踪世界航天技术发展前沿，掌握世界航天技术发展方向，缩小我国与航天技术发达国家的差距，促进我国由航天大国向航天强国迈进。

随着我国国力的增强，我国在国际上的影响力也在增强，相应地承担一些与我国国力相匹配的国际责任和义务，为国际组织提供出版服务成为一种必要。同时，将国内前沿领域的高水平研究成果以科技图书的形式推向国际，可以去军事化、去行政化，真正站在科学的高度，以一种更柔性的方式宣传中国航天。

（六）向社会大众普及航天科技知识

中国航天事业取得了举世瞩目的成就，也得到了社会各界的广泛关注与厚爱，但社会公众对航天科技知识还知之不多。为了培育主流文化，把握好话语权，应以重大航天活动为契机，适时出版面向社会大众的航天科普图书，包括载人航天、航天遥感、深空探测、卫星导航等，向社会大众普及航天科技知识，提高公民的科学素质，弘扬科学精神，扩大航天事业的社会影响，为航天事业的未来发展培养人才，履行航天人应有的社会责任。

（七）加强航天文化图书的组织与策划

中国航天事业创建以来，在屡创辉煌业绩的同时，也形成了独具特色的航天文化。我们应强化航天文化图书的组织、策划与出版，促进航天文化在航天系统薪火相传，并在社会上广泛传播。为了进一步挖掘航天事业不断创新的原动力，总结航天事业持续发展的历史经验，提炼航天人的核心价值观，反映航天人的精神风貌，向社会大众宣传航天文化、弘扬航天精神，应系统谋划具有航天影响力的图书出版体系，形成航天文化、航天历史、航天人物系列，在构筑航天物质成果的同时，总结提炼出具有航天特色的精神成果，最大限度地提升中国航天的社会影响力和国际影响力。

航天历史图书是反映发展历程、弘扬航天精神的图书系列。航天精神是党的光荣传统与优良作风在航天科技战线的具体体现，是民族精神、时代精神与航天实践相结合的产物，她伴随着中国航天半个多世纪的发展，已经载入伟大祖国的史册，汇入民族精神的长河，成为中华民族精神宝库的珍贵财富。

航天人物图书是折射人文精神、激励新人成长的图书系列。在航天事业发展过程中涌现出了很多模范人物、优秀员工，他们在平凡的岗位上做出了不平凡的成绩。这些优秀人物遍布航天科研、生产、试验、管理各个岗位，生活在广大职工的身边，对群众具有良好的示范作用和带动作用。相关图书的策划与出版将起到宣传典型、鼓励先进、引领上进的作用。

（八）推进数字化出版工程建设，建立现代出版平台

随着航天型号数量不断增多、要求不断增高，而研制、试验周期不断缩短，标准化、系列化、型谱化的研制理念不断深入，航天科研机构和科研人员对已固化知识的使用需求，特别是知识集成度的需求越来越高。单纯依靠传统图书、期刊等纸质媒体所承载的科学技术知识，已不能有效满足航天科研、生产、试验的需求。

因此，要根据出版技术、传播方式和阅读模式的不断发展，开拓数字出版新领域，逐步向出版数字化、传播网络化、阅读电子化、呈现方式多媒体化方向发展。通过信息化集成，构建航天科技数字化知识库，发展新兴文化业态，实现网上查询和服务，满足航天科研生产的需要。

当前，文化领域正处在广泛而深刻的变革之中，许多专业出版社规模不大、结构也不合理，严重束缚了文化生产力的发展。要想改变当前状况，除了在思想上要大胆创新、经营上充分运用市场手段外，更重要的是要进行以信息手段为主的技术改造，通过技术改造促进传统工作、管理模式和生产方式的升级，提升领导层的决策质量和全体员工的执行力，创造现代出版产业发展条件，完成传统出版单位向现代传媒企业的蜕变。

（九）整合航天出版资源，建设航天文化产业基地

航天系统现有的出版资源比较分散，各出版资源的运营与管理机构市场化程度十分有限，大多都依赖科研实体而生存，专业化程度有待提高，职业化意识有待增强，运营效率有待提升，市场赢利能力有待扩展。各科研生产机构的出版意愿未能得到很好的开发，现有的各种报纸、期刊、内部出版物、网络平台及宣传报道等资源未能得到很好的开发，一些有关航天文化大发展大繁荣以及产业化的想法、建议在定位上较为模糊，且缺乏可操作性，远未走上适应市场化要求的产业发展探索轨道。

出版资源的形成过程及其现状有其历史的合理性，资源整合既涉及认知与目标的定位，也涉及利益格局的调整，资源整合过程是十分艰难的，需要有一定的投入，需要有一段较长的转轨与培育期。资源整合也是一项系统工程，应精心策划、统筹安排，本着实事求是、循序渐进、有利发展的原则，先着手构建现代航天出版主体平台，形成竞争能力，通过吸引资源，打造亮点，做出业绩，降低改革带来的冲击，产生多方共赢的效果。

笔者建议以中国宇航出版社为内核，引进战略投资者，适度整合航天内部资源，加快发展的速度。首先是加强公司内核的建设，如果内核的能力不强，对外部资源的吸引能力也有限，即使能实现行政组合，也难以实现有效率的经营，许多企业并购失败都说明了这一点；其次是战略投资者的引入，这些战略投资者一定在某一方面拥有独特的优势，而且这些优势是我们不可或缺的，比如拥有较多的市场资源，在动漫等数字化出版领域有很强的开发能力等；其三，在行政的推动下，采取梯次推进方式实现内部资源的有效关联乃至资源重组。

综上所述，通过上述各方面的努力，以及与航天战线各方面的通力协作，将能够构建航天出版新体系，凝聚共识，和谐推进，创造航天专业出版大发展大繁荣的新局面。

默默耕耘　累累硕果

——纪念航天科技图书出版基金设立十周年

航天科技图书作为固化和传承航天科技知识的重要载体，对于总结航天科技成果、传播航天科学技术、培育航天科研人才、促进航天科技创新具有重要作用。

为了鼓励航天科技人员著书立说，活跃航天学术交流，服务航天型号研制，推动航天科技创新，促进航天事业发展，中国航天科技集团公司党组高瞻远瞩，决定从2007年起，设立航天科技图书出版基金。

10年来，在集团公司领导的高度重视和直接组织下，在总部相关部门的大力支持下，在科研院所、高等院校、学术团体和各位作者的积极参与下，基金项目征集、申报、评审和出版工作成效显著，成果丰硕。

一、发展历程

航天科学技术属于高精尖领域，专业划分细，从业人员少，航天科技图书读者面窄，发行量小，难以依靠销售收入收回成本。在航天科技图书

本文发表于2017年11月10日出版的《中国新闻出版广电报》，合作作者：张铁钧，彭晨光，收入本书时有少量修改。

出版基金设立之前，航天科技图书只能依靠作者资助出版发行。由于作者自筹经费比较困难，航天科技图书出版工作受到严重制约。

从图1可以看出，从2000年到2006年，中国宇航出版社出版的航天科技图书非常有限，平均每年出版21种。

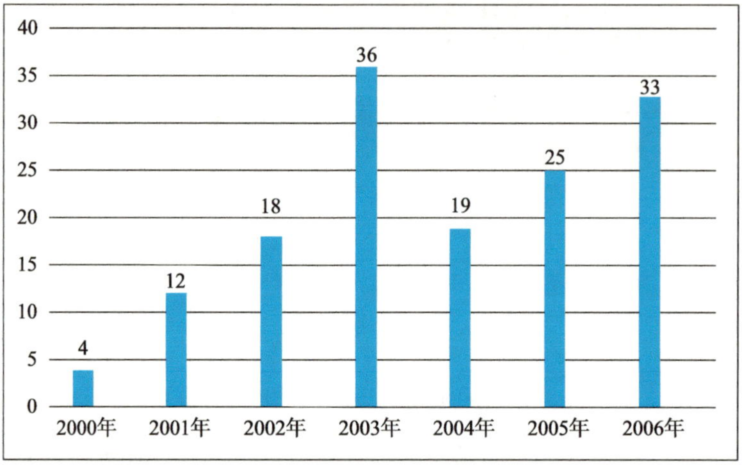

图1　2000—2006年航天科技图书出版情况

为了鼓励航天科技人员开展技术创新，汇集科研成果，总结管理经验，固化、沉淀、积累和传承航天科技知识，为航天型号研制提供技术储备，为航天事业发展奠定坚实基础，经中国宇航出版社申请，集团公司党组批准，于2007年设立了航天科技图书出版基金（简称基金），制定下发了基金管理办法，组建了基金评委会，由集团领导担任主任，总部相关部门和出版社领导担任委员。集团每年出资100万元，评审1~2次，资助10~20个项目。

基金设立之后，航天科技人员踊跃申报，基金影响不断扩大，资助项目逐年增多。从2007年的10种，增加到2013年的35种。为了保持基金发展的良好势头，集团公司党组决定，从2014年起，将资助额度提高到150万元，每年资助20~30个项目。

经过10年征集、申报和评审，共资助219个项目，占申报总数的78%。

截至 2016 年，已经出版基金资助图书 139 种，正在出版基金资助图书 34 种，两项合计 173 种，占资助项目总数的 79%。各年度申报和资助情况如图 2 所示。

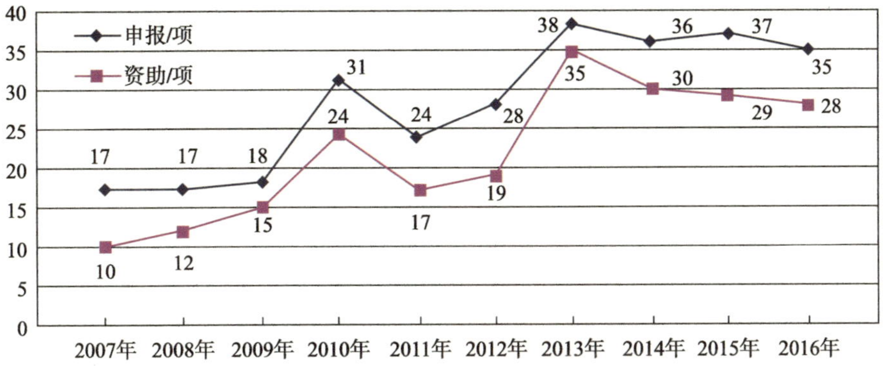

图 2　2007—2016 年航天科技图书出版基金申报、资助情况

基金资助图书的出版，带动了整个航天科技图书出版工作。自 2007 年以来，航天科技图书出版品种有了较大幅度提升。2007—2010 年，平均每年出版 40 种；2011—2016 年，平均每年出版 55 种（图 3）。航天科技图书的出版繁荣，有力地促进了航天事业的发展。

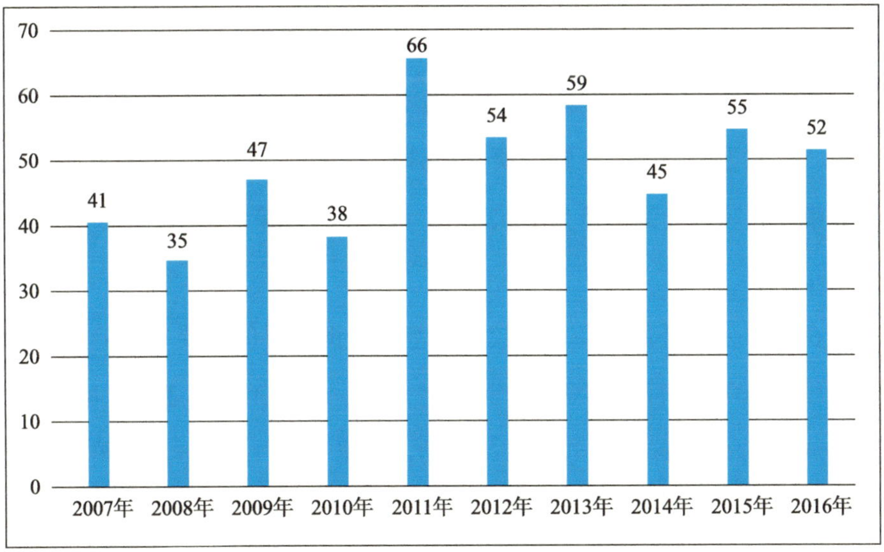

图 3　2007—2016 年航天科技图书出版情况

二、项目构成

（一）书稿来源

获得资助的 219 个项目，主要来源于集团公司及其所属的研究院、专业公司和直属单位，占 75%；部分项目来源于集团公司以外的高等院校、政府机构和学术团体，占 25%。集团公司内外单位获资助项目比例如图 4 所示。

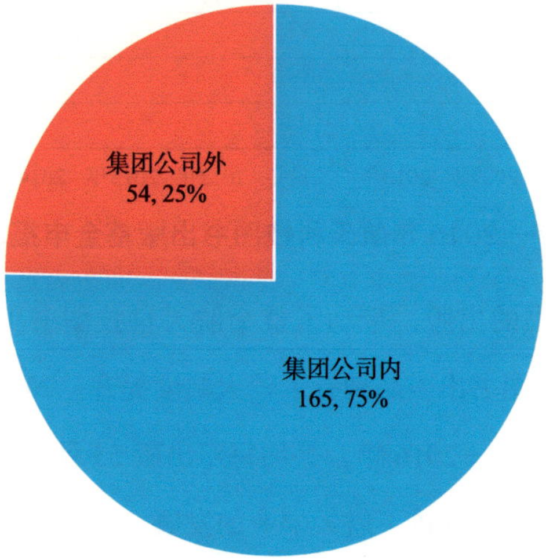

图 4　集团公司内外单位获资助项目比例

在集团公司内部，各单位获得资助项目如图 5 所示。从图中可以看出，一院、五院为第一梯队，资助项目分别为 33 种和 44 种；六院、八院和九院为第二梯队，资助项目为 16~20 种；其他单位为第三梯队，资助项目在 10 种以下。

在集团公司外部，高等院校成为基金资助项目的主要来源，共有 12 所高校的 40 个项目获得资助，清华、北航、北理工、西工大、哈工大、国防科大等高校均有多个项目获得资助，在前 8 位中占据 6 席（图 6），上海交大、同济大学、哈工程、航天工程大学、火箭军工程大学、重庆邮电大学等院校各有 1 个项目获得资助；军委装备发展部、国防科技工业局等军队和政府部门及所属单位共有 11 个项目获得资助。此外，财政部、军委后勤保障部、上海市宇航学会等单位也有项目获得资助。

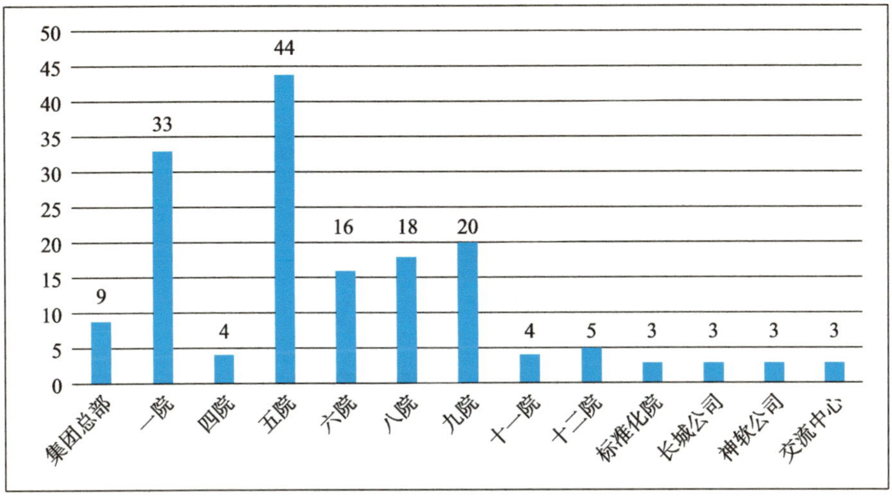

图 5　集团公司所属单位获资助项目情况

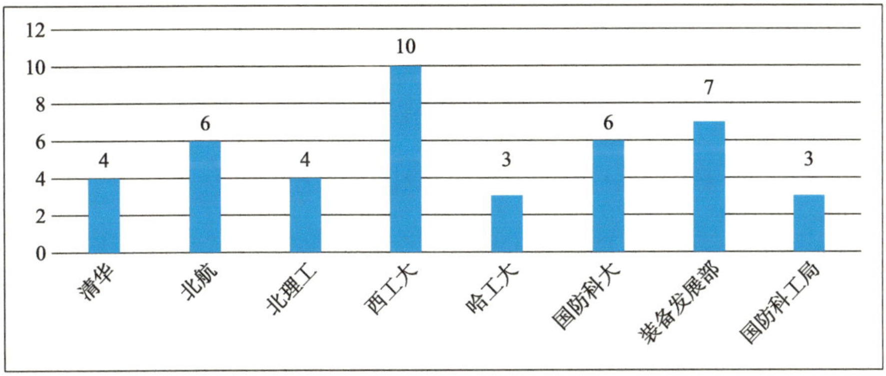

图 6　集团公司外部单位获资助项目情况

（二）著作方式

按照著作方式，资助项目可以分为原创图书和翻译图书。基于固化科研成果、积累航天知识、总结管理经验的需要，基金资助项目主要以原创图书为主，共计 181 项，占全部资助项目的 83%。自 2009 年起，按照集团公司国际化发展要求，在基金资助项目中增加了翻译图书的比例，从国外知名出版机构引进了一批反映航天关键技术和学术前沿的图书。在全部 219 个资助项目中，翻译图书 38 种，占 17%。著作方式分类如图 7 所示。

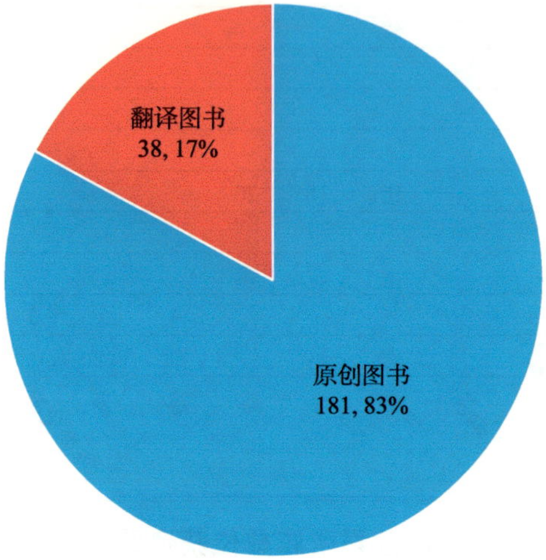

图 7　原创图书与翻译图书获资助比例

（三）图书类别

获得资助的 219 个项目，涵盖了工程技术、基础理论、管理专著、工具书和文化图书 5 大类，各图书类别资助情况如图 8 所示。

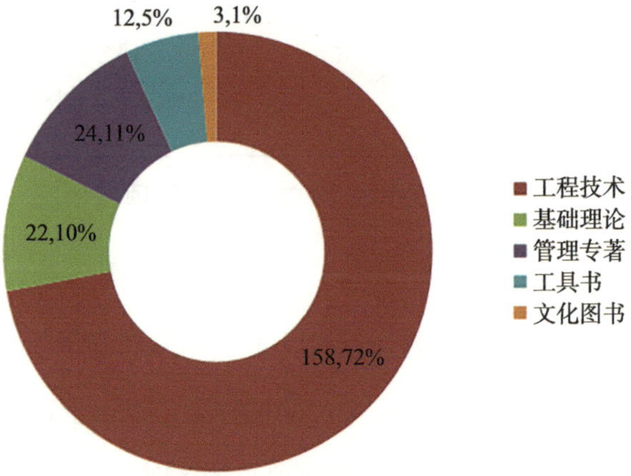

图 8　资助项目图书类别

（四）专业分布

从专业分布角度，位居前列的包括航天器、火箭与发动机、导航与控制、管理工程、深空探测、电子与软件、材料与工艺、试验与仿真、载人航天、可靠性等，这 10 个专业领域共计有 181 个项目获得资助，占全部资助项目的 83%（图 9）。此外，资助项目也覆盖了综合技术、导弹、雷达、遥感、测量、热控、力学、发射、法律、文化等专业领域。

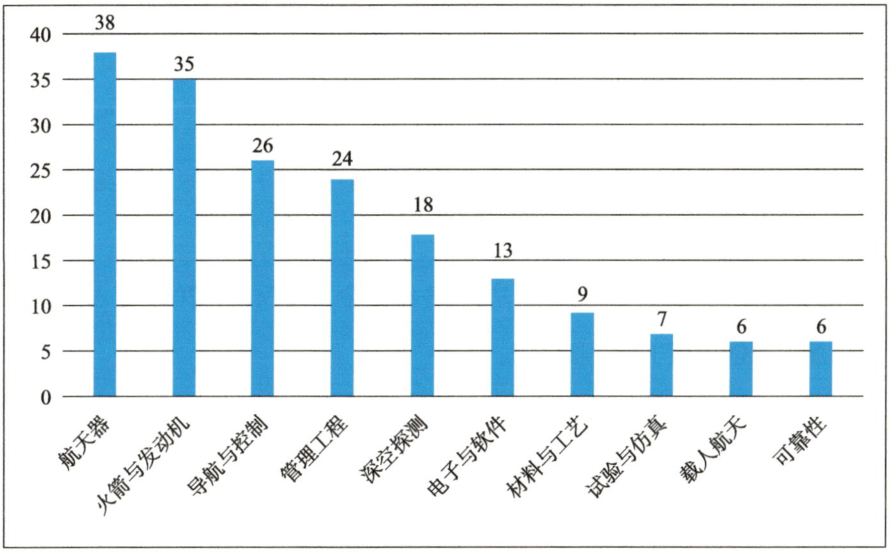

图 9　资助项目专业分布

三、丰硕成果

目前，基金资助图书已成为中国宇航出版社航天图书出版的新亮点，并正在形成新品牌。已经出版的近 140 种基金资助图书（图 10），累计印刷 30 多万册，为航天科研、生产、试验和管理工作，提供了丰富的知识储备和有力的技术支撑，受到广大航天科技人员的欢迎。

图 10　已经出版的部分基金资助图书

在基金资助项目中，有 7 项分别入选“十一五”“十二五”“十三五”国家重点图书出版规划；有 5 个大项（20 个小项）得到国家出版基金资助；有 3 项获得国家级奖励。

《干涉型光纤陀螺仪技术》是 2008 年基金资助项目，2011 年入选“三个一百”原创出版工程（图 11）。

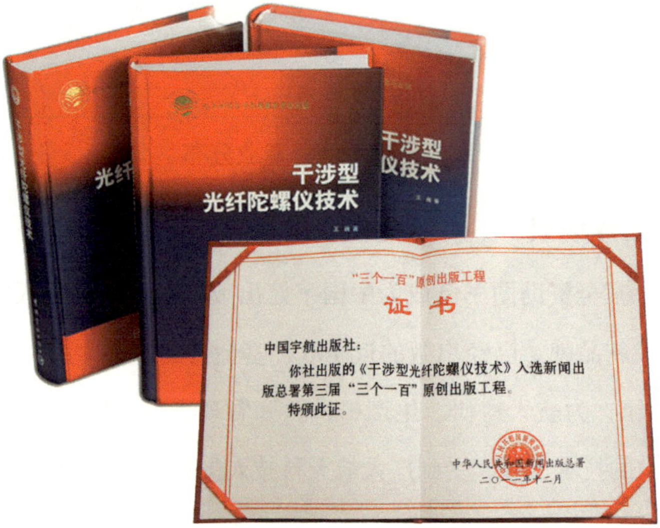

图 11 《干涉型光纤陀螺仪技术》

《航天火工装置》（图12）是2010年基金资助项目，2011年入选“十二五”国家重点图书出版规划，2012年得到国家出版基金资助，2013年入选“三个一百”原创出版工程。

《氢氧火箭发动机及其低温技术》（图13）是2013年基金资助项目，2014年入选“十二五”国家重点图书出版规划，2016年得到国家出版基金资助。

图12 《航天火工装置》　图13 《氢氧火箭发动机及其低温技术》

《载人航天出版工程（第一辑）》（图14），共7卷，包含2011年基金资助项目《航天工程设计实践》、2012年基金资助项目《载人月球基地工程》、2013年基金资助项目《空间站系统和应用》。2012年入选“十二五”国家重点图书出版规划，2013年得到国家出版基金资助，2015年获得第五届中华优秀出版物奖图书奖。

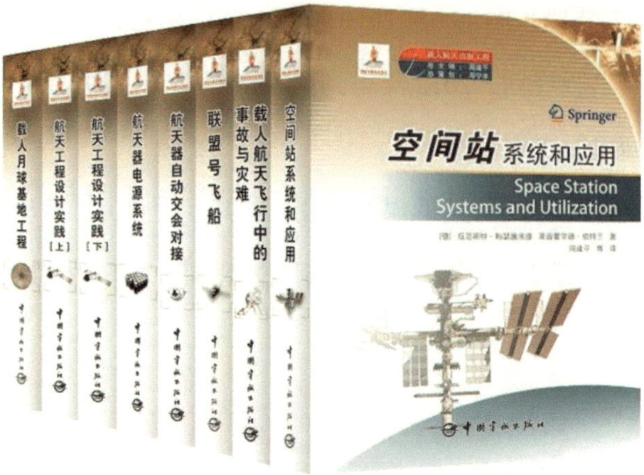

图 14 《载人航天出版工程（第一辑）》

《载人航天出版工程（第二辑）》（图 15），共 7 卷，包含 2013 年基金资助项目《空间模拟器设计技术》《载人航天技术》《现代航天遥测系统》、2014 年基金资助项目《运载火箭数字化工程》、2016 年基金资助项目《探索之路——美国载人空间探索计划的理由和方式》。2016 年入选“十三五”国家重点图书出版规划，2017 年得到国家出版基金资助。

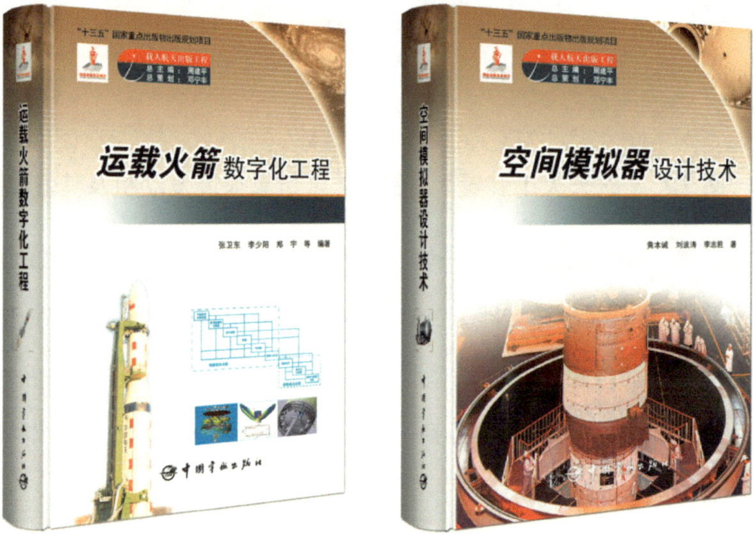

图 15 《载人航天出版工程（第二辑）》部分图书

《中国航天技术进展丛书（第一辑）》（图 16），共 10 卷，全部来源于基金资助项目，2017 年入选“十三五”国家重点图书出版规划，同年得到国家出版基金资助。

图 16 《中国航天技术进展丛书（第一辑）》部分图书

基金图书的出版，对航天人才培养也起到了积极的促进作用。包括任新民院士、朱森元院士、刘竹生院士在内的老专家，通过著书立说，把自己积累多年的技术、经验传授给青年一代；包括周建平、吴伟仁、李仲平、侯晓、王巍在内的中年专家，通过总结科研成果，形成知识体系，传承航天技术，这些图书的出版，也为他们当选两院院士提供了有力支撑；还有一大批青年专家，通过书稿创作，梳理科技知识，接触学科前沿，展望发展方向，为尽快成才奠定了坚实基础。

四、成功经验

十年来，航天科技图书出版基金取得丰硕成果，是与集团公司的正确领导、相关单位的大力支持、各位作者的辛勤创作和出版社的热心服务分不开的。

集团公司党组对基金工作高度重视，多次研究相关事项，制定下发管理办法，设立组建评审机构，吴卓、袁家军、雷凡培、李金生、袁洁等领导先后担任评委会主任，在经费预算、选题征集、项目评审和图书出版等方面给予支持和指导，为做好基金工作提供了有力保障。

集团公司相关部门领导作为评委，积极参与项目评审工作，严格把握基金使用方向，对申报项目提出中肯建议，在全体评委的共同努力下，保证了资助项目的内在质量。同时，各位评委对基金工作提出很多有益建议，对后续工作开展提供了有力帮助。

航天系统各科研院所、高等院校和学术机构对基金工作大力支持，将基金申报和图书出版作为软实力的重要体现。特别是一院、五院，这两个研究院获资助项目最多，与其规模大、单位多、实力强密切相关，更重要的是，他们非常重视技术积累和传承。一方面加强宣传，将申报通知挂在内网，使更多科技人员了解基金申报要求，促使科技人员积极创作；另一方面，责成有关部门具体组织，鼓励高水平项目踊跃申报。

广大航天科技工作者以高度使命感，笔耕不辍，为航天事业薪火相传提供支撑。基金图书作者既有老院士、老专家，也有年轻一代航天科技工作者；既有航天型号两总，也有一线科研人员；既有个体作者，也有创作集体。他们将中国航天人严慎细实的工作作风贯穿到书稿创作之中，确保了基金图书的学术水平和成稿质量。

中国宇航出版社将基金设立视为难得发展机遇，以高度责任感，开展基金项目的征集、遴选和出版工作。多次前往科研院所广泛宣传、重点培养，保证申报项目的丰富来源；对申报项目认真审读、严格把关，保证评审项目的学术水平；将资助项目作为重点任务来抓，保证基金图书的出版质量。基金图书已成为出版社的拳头产品，正在助力航天事业快速发展。

党的十九大吹响了建设新时代中国特色社会主义的号角。我们要在前十年基金工作的基础上，总结经验、勇于探索、锐意进取、开拓创新，不断开创航天出版事业的新局面，为建设航天强国、实现中华民族伟大复兴的中国梦贡献更大的力量。

航天图书出版工作的发展现状、存在问题及改进措施

习近平总书记指出：“探索浩瀚宇宙，发展航天事业，建设航天强国，是我们不懈追求的航天梦。”

中国航天事业是党的事业，发展好航天事业，对于实现“两个一百年”奋斗目标、实现中华民族伟大复兴的中国梦具有十分重要的意义。

作为航天文化人，我们要深入学习习近平新时代中国特色社会主义思想和党的十九大精神，贯彻落实习近平总书记“8·26”重要批示和集团公司第七次工作会议部署要求，不忘航天报国之初心，履行航天强国之使命，为全面建成小康社会、实现中华民族伟大复兴的中国梦贡献力量。

航天文化是社会主义文化的重要组成部分，是中华民族优秀文化在新时代的具体体现。中国航天事业创建 60 多年来，一代又一代航天工作者，团结一心，顽强拼搏，勇于创新，无私奉献，不仅取得了以“两弹一星”、载人航天和月球探测三大里程碑为代表的辉煌成就，同时，也形成了以航

本文作为党委委员 2019 年调研报告上报集团公司；2019 年 7 月，笔者在此基础上，以《发展航天出版事业 助推航天强国建设》为题，为中国宇航出版社党支部讲了一次党课。收入本书时有少量修改。

天传统精神、“两弹一星”精神和载人航天精神为代表的航天文化。全面推进航天文化建设，不仅对于构建航天科技工业新体系、促进集团公司“两个一流”建设具有重要意义，而且对于我国社会主义文化大发展大繁荣、建设文化强国也将起到积极的促进作用。

航天出版工作是集团公司的重要文化阵地，肩负着传授航天知识、传播航天文化、传承航天精神的历史重任。中国宇航出版社及其前身成立30多年来，出版了上千种航天图书，其中既包括专著、译著、教材、工具书、科普读物等科技及管理类图书，也包括企业文化、奋斗历程、人物传记等文化图书，这些图书及其所蕴含和承载的科学技术、知识体系与航天文化，对航天事业的发展起到了重要的引领、支撑作用，对航天人才队伍的培养及社会影响力的形成起到了基础性的保障作用，增强了全社会对航天的认识，扩大了航天的社会影响力，吸引了全社会对航天的支持与关注，提高了中国航天的国际威望。

一、发展现状

自1980年宇航出版社成立以来，航天出版事业已经走过39年的发展历程。截至2018年年底，共出版航天图书1279种，平均年出版新书33种。在20世纪90年代，宇航出版社曾经经历过一段低谷，年出版新书跌至个位数。进入21世纪以来，航天图书出版发展势头良好，出版品种呈总体上升趋势（图1）。特别是“十二五”以来，8年共出版新书479种，出版规模稳定在每年60种左右，不仅比前30年平均值翻了一番多，2017年还创历史新高，达到69种。

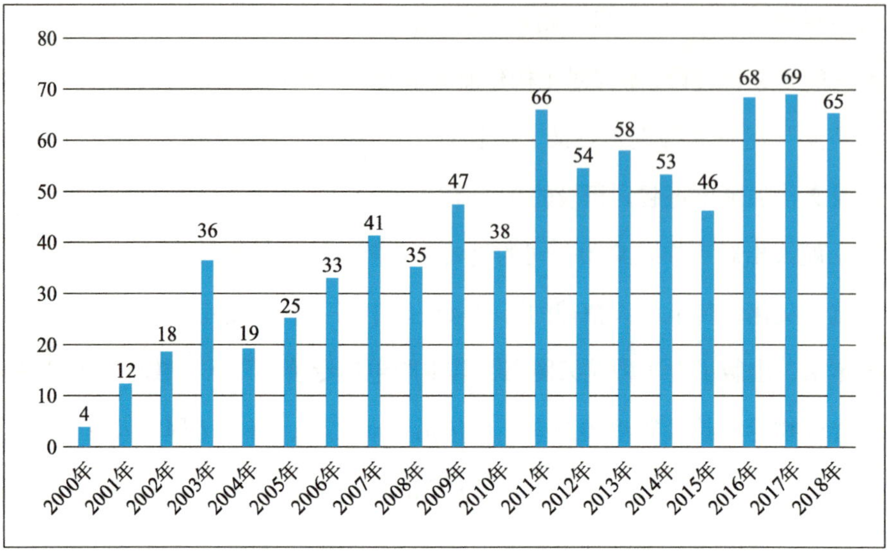

图 1　2000—2018 年航天图书出版品种走势图

《导弹与航天丛书》（图 2）是 3000 多位航天科技工作者历时 20 余年编写完成的一套 155 卷本、6700 余万字的鸿篇巨制。这套《丛书》从导弹武器、运载火箭和卫星等航天产品的设计、研制、生产、试验等各个方面，系统总结了在实践中形成的理论、方法和经验，是中国航天人集体智慧的结晶，是几代航天人奋斗了半个世纪形成的非物质文化成果，已经成为航天人广泛使用的必备工具书。

航天科技图书出版基金是由中国航天科技集团公司设立的，旨在资助专业性强、发行量小的航天科技图书出版的专项经费。自 2007 年航天科技图书出版基金设立以来，经过 12 年的征集、申报和评审，共收到申报材料 360 份，资助项目 267 个（图 3），出版基金资助图书 180 余种。包括《航天火工装置设计》《氢氧火箭发动机及其低温技术》《干涉型光纤陀螺仪技术》《铝合金的搅拌摩擦焊接》《空间材料手册》《航天产品工程》等重点图书（图 4）。

图 2 《导弹与航天丛书》

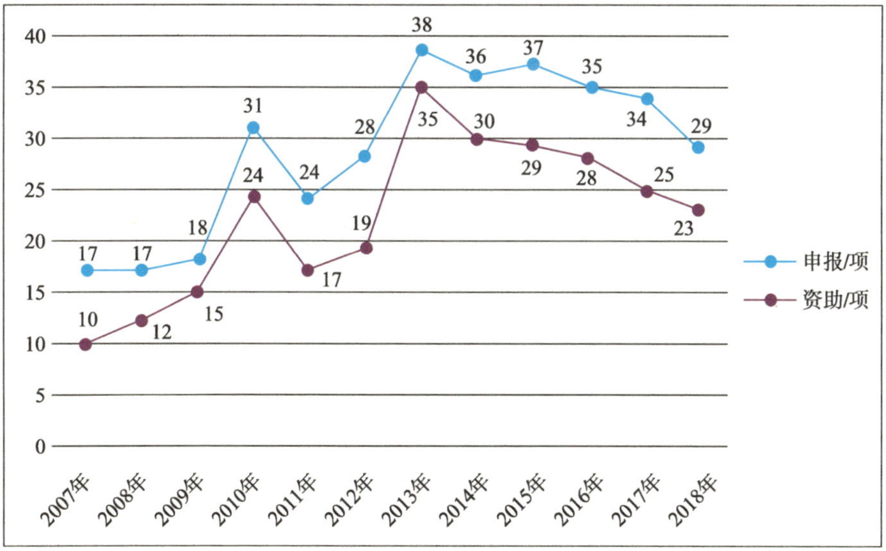

图 3 2007—2018 年航天科技图书出版基金资助项目

图 4　部分航天科技图书出版基金资助图书

以部分基金资助图书为主结辑而成的《中国航天技术进展丛书（第一辑）》10 种图书（图 5）已经出版，第二辑、第三辑共 20 种已经立项，正在组织编辑出版，预计 2020 年出齐。这些基金资助图书在航天科研生产中发挥了重要作用，在推动航天事业发展中产生了重要影响。

图 5　《中国航天技术进展丛书（第一辑）》

航天译著通过选取国外航天科研生产的最新成果和技术研发的最新进

展，对我国航天科技工业起到借鉴和指导作用。中国宇航出版社密切关注国际航天图书出版动态，紧密结合我国航天科研生产实际，从国外引进了一批有代表性的航天科技著作，并与美、英、德、法、俄等世界航天大国的知名出版公司建立了广泛的合作关系。以译著为主组成的《载人航天出版工程（第一辑）》（7 种，图 6）和包括部分译著的第二辑（7 种）已经出版，第三辑 9 种已经立项，正在组织实施。

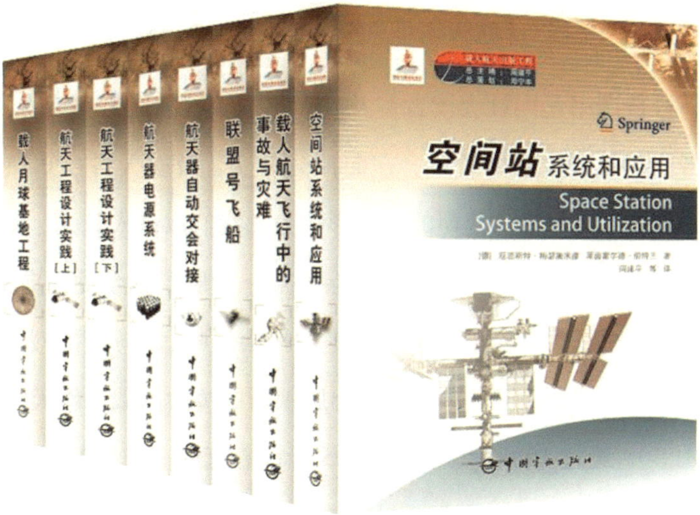

图 6 《载人航天出版工程（第一辑）》

航天教材是培养航天人才的重要载体和有力支撑，特别是航天专业教材源于航天工程实践，对航天人才培养起到了重要的促进作用。中国宇航出版社出版的《航天型号总指挥、总设计师必读》（5 种，图 7）在多期两总培训班上使用，《航天系统工程运行》作为研究生教材得到推广，《新员工入门读本》成为航天新员工的必修课，《航天产品设计工艺性丛书》《航天可靠性工程》《航天型号软件工程》《航天型号元器件工程》等航天专业教材，也都在专业培训领域发挥了重要作用。

图 7 《航天型号总指挥、总设计师必读》

航天科普图书是向社会读者普及航天科技知识的通俗类读物，作为连接航天事业与社会大众的桥梁，在向社会大众普及航天科技知识的同时，也扩大了航天事业和集团公司的社会影响力。我们以载人航天、探月工程、北斗导航等重大工程为契机，借助社会热点，出版了数十种面向社会大众的航天科普图书，为普及航天知识、扩大社会影响、培养后备人才作出了突出贡献。作为“十一五”国家重点出版项目的《中国载人航天科普丛书》（7 种，图 8），经过 100 多位专家历时 5 年精心打造，于 2011 年出版发行，并在中国科技馆举办了首发式。

图 8 《中国载人航天科普丛书》

这套《丛书》获得包括国家科技进步奖、中国出版政府奖、中华优秀出版物奖在内的多个奖项，对于普及载人航天科技知识、扩大航天事业社会影响，起到了积极的促进作用。

航天文化图书是反映航天历史、折射人文情怀、宣传企业文化、传播航天精神的特色鲜明的图书系列。其中包括反映科研院所发展历程的《七彩天路系列丛书》，反映航天将帅人文情怀的《航天两总群英谱》书系，反映集团公司企业文化的《企业文化读本》，反映航天精神的《天魂》《天歌》《天河圆梦》，反映航天事业奠基人钱学森带领航天人创造辉煌业绩的《“钱学森与中国航天”丛书》等，这些优秀航天文化图书将历久弥新，影响一代又一代航天人，乃至全国其他行业的广大科技工作者。

《中国航天院士传记丛书》（40 种，图 9）深入挖掘航天领域两院院士宝贵的学术思想和精神财富，记载航天院士艰苦创业、勇于创新、淡泊名利、无私奉献的高尚品质，反映中国航天事业 60 年来艰难曲折的发展历程和举世瞩目的辉煌成就，对于记载航天历史、弘扬航天文化、传承航天精神、培育航天人才具有积极作用，是一套富有航天特色、兼具思想影响力和艺术感染力的爱国主义教材。

图 9 《中国航天院士传记丛书》部分图书

中国宇航出版社出版的航天图书，得到了各级政府的高度重视和充分肯定。2000年以来，先后有13个大项、64个小项入选国家重点图书出版规划，12个大项、91个小项获得国家出版基金资助，36种（次）图书获得包括国家科技进步奖、中国出版政府奖、中华优秀出版物奖、中国科普作家协会优秀科普作品奖、“三个一百”原创出版工程在内的各种奖励。

二、存在问题

历史已成过去，未来更加可期。在总结成绩的同时，更应看到存在的问题，以便采取措施，砥砺前行，在未来的发展中铸造新的辉煌。

经过调研，我们认为在航天图书出版领域，还存在以下问题。

（一）航天图书品种数量偏少

虽然航天图书出版近年来呈现良好发展势头，但总体来看，航天图书的出版规模还不够大。

首先，航空航天类图书占全国图书出版总量的比重很小。按照中国图书馆分类法，我国图书共分为22大类，航空航天是其中一类（在这类中，航空、航天数据没有细分，因此，将其作为一个整体来分析）。根据2018版《中国出版年鉴》中的统计数据，2017年全国图书出版的分类情况如表1所示。

从表1可以看出，在22个大类中，无论是品种、印数，还是码洋，航空、航天类均是最小的，品种539种，比重0.11%，与最大的文化、科学、教育、体育类相比，相差400倍左右。这从一个方面说明，航空、航天是高精尖技术领域，产业规模小，从业人员少，出版资源短缺；从另一方面来看，说明航空、航天出版单位自身发展不够快，对出版资源的挖掘力度不够大。虽然相比2004年（108种，比重0.05%），航空、航天图书出版有了长足的发展，但是与其他类别相比，还有不小的差距，需要我们继续努力。

表 1　2017 年全国图书出版分类统计表

类　别	品种	比重	印数 / 万册	比重	码洋 / 万元	比重
A 马克思主义、列宁主义、毛泽东思想	743	0.0015	1555	0.0017	43929	0.0028
B 哲学	9796	0.0196	6575	0.0073	270016	0.0171
C 社会科学总论	5729	0.0115	2650	0.0029	115727	0.0073
D 政治、法律	19015	0.0381	29297	0.0325	689548	0.0437
E 军事	1548	0.0031	858	0.0010	32697	0.0021
F 经济	34225	0.0685	15907	0.0176	667039	0.0423
G 文化、科学、教育、体育	202536	0.4055	682823	0.7572	8329191	0.5281
H 语言、文字	22021	0.0441	21444	0.0238	691445	0.0438
I 文学	54502	0.1091	64420	0.0714	1670066	0.1059
J 艺术	27497	0.0551	19240	0.0213	699919	0.0444
K 历史、地理	18680	0.0374	13082	0.0145	618821	0.0392
N 自然科学总论	797	0.0016	518	0.0006	20378	0.0013
O 数理科学、化学	8847	0.0177	4116	0.0046	136706	0.0087
P 天文学、地球科学	2756	0.0055	1223	0.0014	57696	0.0037
Q 生物科学	3410	0.0068	2043	0.0023	71538	0.0045
R 医药、卫生	21530	0.0431	11042	0.0122	526952	0.0334
S 农业科学	5141	0.0103	1777	0.0020	60244	0.0038
T 工业技术	48093	0.0963	16503	0.0183	756048	0.0479
U 交通运输	5648	0.0113	2696	0.0030	99806	0.0063
V 航空、航天	539	0.0011	154	0.0002	8853	0.0006
X 环境科学	2247	0.0045	846	0.0009	29994	0.0019
Z 综合性图书	4139	0.0083	3049	0.0034	176188	0.0112
合　计	499439	1	901818	1	15772801	1

其次，航天图书占本社出版品种的比重偏低。从 2002—2018 年航天图书新书品种占比情况来看（图 10），航天图书的占比长期徘徊在 20% 左右。虽然“十三五”期间有所提升，达到了 40% 左右，这其中有近几年航

天图书品种增加的因素，也有大众图书品种下滑的影响。随着少儿图书板块的加入，以及外语、经管图书板块的发力，航天图书的占比还会有所下调。航天出版是我们的立社之本，航天图书板块在“十三五”后期及“十四五”期间，还要继续加大力度，力争新书品种占比保持在40%左右。

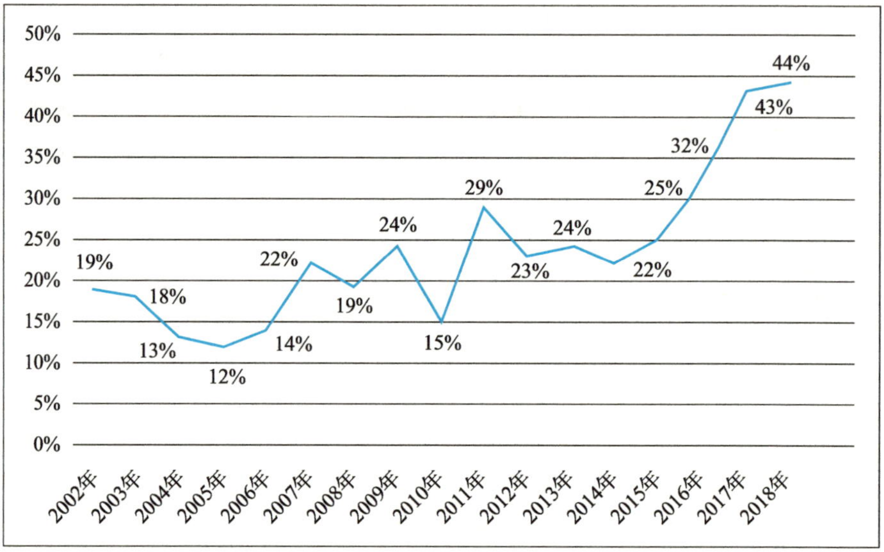

图10　2002—2018年航天图书新书品种占比情况

第三，按照“十三五”发展规划，到2020年，航天图书出版规模要达到100种以上，虽然目前年出版新书接近70种，但距离“十三五”规划要求还相差较远，需要在这两年持续发力。

（二）航天出版资源竞争加剧

近年来，随着中国航天的国内关注度不断提高和国际影响力不断增强，以及国家在文化发展方面的政策拉动，许多出版社为了争夺航天高科技这一亮点，纷纷加入了对航天图书出版资源的竞争。

从开卷数据可以看出，2019年1—5月上市的航天图书共有45种，涉及16家出版社。其中，排在前三位的分别是中国宇航出版社、国防工业出版社和科学出版社，分别有 10 种、10 种和 6 种，接下来是几家高校出版社，分别是北京理工大学出版社、北京航空航天大学出版社和哈尔滨工业大学出版社，各有 2~3 种，其余出版社各有 1~2 种。具体分布情况如图 11 所示。

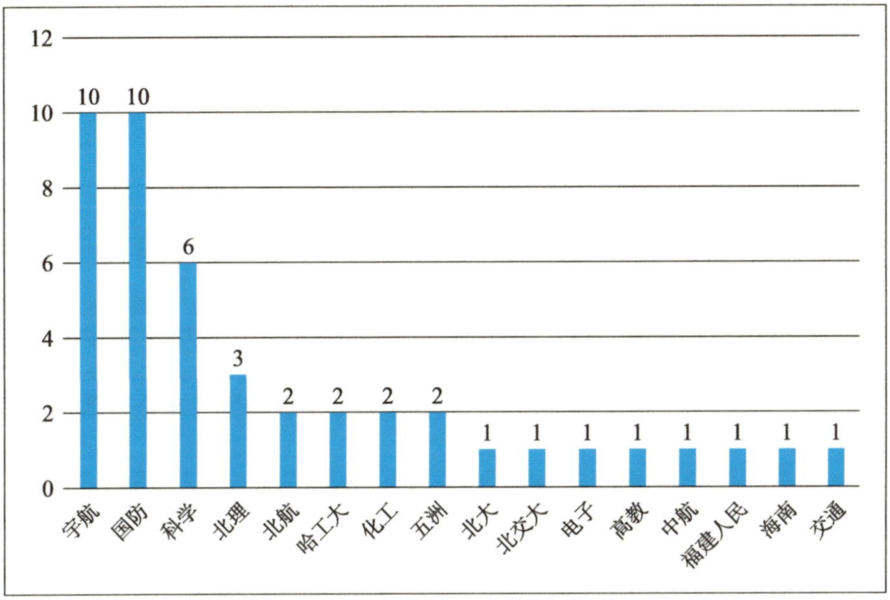

图 11　2019 年 1—5 月航天新书分布情况

“十三五”期间，入选国家重点图书出版规划和获得国家出版基金资助的航天图书共有 37 种（次），涉及 11 家出版社。其中，排在前三位的分别是中国宇航出版社、国防工业出版社和北京理工大学出版社，分别有 13 种、6 种和 6 种，科学出版社、高等教育出版社和哈尔滨工业大学出版社，各有 2~3 种，其他出版社各有 1 种。具体分布情况如图 12 所示。

“十一五”以来，共有 14 家出版社出版的 22 种（次）航天图书获得“五个一工程”奖、中国出版政府奖、中华优秀出版物奖、入选“三个一百”原创出版工程，除了中国宇航出版社借助独特的资源优势，以 7 种获奖图书独占鳌头之外，科学出版社和哈尔滨工业大学出版社各有 2 种图书获奖，其他出版社各有 1 种图书获奖。具体分布情况如图 13 所示。

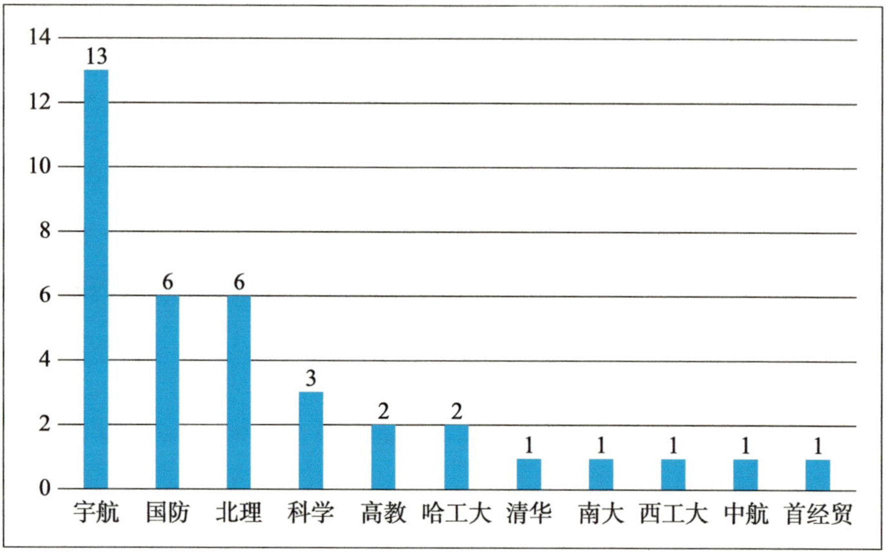

图 12 “十三五”期间航天图书入选国家规划和获得国家基金资助情况

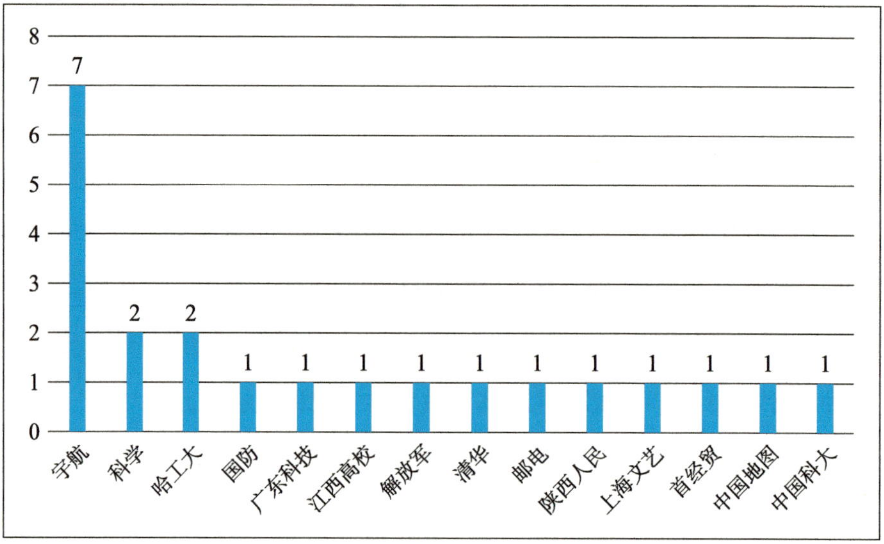

图 13 “十一五”以来获奖航天图书分布情况

从以上分析可以看出，涉足航天出版领域的出版社多达几十家，其中既有国防工业出版社、北京理工大学出版社、哈尔滨工业大学出版社等传统的国防科技类出版社，也有科学出版社、高等教育出版社等综合性科技出版社，还有与国防、科技关联不大的高校出版社和地方出版社，他们的目的是借助航天出版资源的稀缺性入选规划、申请资助、申报奖项，从而提升自身的社会影响力。

由此看来，中国宇航出版社不再像计划经济时代那样，能够独占航天出版资源。作为航天专业出版社，提高航天图书出版能力是我们的责任。要想获取更多的机会，就要与相关出版社去竞争，确保自身在航天图书出版领域的竞争地位和话语权。

（三）航天重点项目储备不足

作为航天技术图书代表的《导弹与航天丛书》，和作为航天文化图书代表的《中国航天院士传记丛书》，因其规模、水平和影响力，可复制性难度极大；取得较大成功的《中国载人航天科普丛书》，其机遇性弥足珍贵；《中国航天技术进展丛书》规划了 50 种，原计划“十三五”期间完成，目前已经出版 10 多种，还有近 20 种正在实施，预计 2022 年左右可以全部完成；《载人航天出版工程》已经完成第一辑和第二辑共 14 种，第三辑已经立项，正在申请国家出版基金资助。

这些重点项目或者已经完成，或者即将完成，后续可以预见的重点项目储备不足，下一步怎么办？是继续延续老项目，还是开辟新项目？这是摆在航天出版人面前的一个严峻课题。

三、改进措施

看到已有成绩，找出存在问题，还要制定改进措施，方能不忘初心，使我们的事业不断发展、永不停步。经过思考，提出以下几点建议。

（一）建设人才队伍

出版工作是一项智力活动，人才是其最重要的资源。我们在今后的工作中，一定要打造一支素质优良、层次清晰的航天出版人才队伍，使我们的事业后继有人、快速发展。

首先，要加强领导干部队伍建设。特别是把年轻有为、精力充沛、勇于开拓、敢于担当、对航天体系有深刻理解的后备干部早日选拔到领导岗位上来，统领航天图书出版工作，给他们搭台子、压担子、铺路子，加强其在实际工作中的历练，使其尽快成长为航天出版领域的领军人才。同时，注意培养责任心强、知识面广、政策熟悉、业务精湛的专家型人才，协助领导开展业务管理工作，包括项目论证、材料审核、质量把关等，减轻领导的日常工作负担，使其把主要精力用在长远发展、对外开拓和项目组织工作中。

其次，要加强中层干部队伍建设。一方面，对有特长的干部，要因材施用，因势利导，扬长避短，安排到能发挥其优势的岗位；另一方面，对具备综合管理能力的干部，要加强工作交流，放在不同岗位锻炼，在实际工作中发现年轻干部的潜力，不断充实后备干部队伍，使航天图书出版工作有序衔接、可持续发展。

第三，要加强编辑骨干队伍建设。在适当扩大编辑队伍，使其能够与出版任务相匹配，不至于造成书稿积压、进度滞后的基础上，着重培养一支精干高效、专业精通、业务熟练、认真负责的编辑骨干队伍，使其既能完成编辑加工任务，又能承接书稿复审工作，还能分担一些诸如进度管理、版权管理、档案管理等具体管理业务，使中层干部从繁杂的编辑、复审和日常管理工作中解脱出来，集中精力开展团队建设、选题策划和经营管理工作。

（二）创新激励机制

从前面的分析中，我们可以看到，越来越多的出版社加入到航天图书出版的竞争领域，而且对航天作者具有较强的吸引力和黏性度。一方面与这些单位的领导、编辑的主动性和公关能力分不开；另一方面，有些航天作者也希望自己的不同著作在不同的出版社出版，以提高其社会影响力和学术知名度。还有一个重要因素，就是与这些出版单位的激励机制有关。如国防工业出版社、科学出版社、北京理工大学出版社都有全额资助出版基金，为航天作者出版专著，不仅不收取作者出版费，而且还支付作者稿酬。

由于上级主管单位原来没有设立出版基金，经过中国宇航出版社多年争取，中国航天科技集团公司于2007年设立了航天科技图书出版基金。为了减轻上级单位的经济负担，我们采取基金资助出版与作者自筹经费相结合的方式；中国航天科工集团公司于2014年设立航天科工出版基金，虽然不用作者自筹经费，但也不向作者支付稿酬。这两大基金在前些年确实发挥了较好的作用，但随着其他出版单位对航天出版资源的竞争加剧，航天作者和航天书稿流失现象越来越严重，从2013年以后，航天科技图书出版基金申报项目和资助项目逐年下降，从图3可以看出这种趋势。

为了更有效地吸引航天出版资源，繁荣航天出版工作，发展航天出版事业，为航天强国建设提供有力支撑，建议航天两大集团扩大基金资助力度，将每种图书从5万元量级提高到10万元量级，这样不仅不再需要作者自筹经费，还可以支付作者部分稿酬，提高航天作者著书立说的积极性，强化中国宇航出版社对航天作者的吸引力。按照航天科技图书出版基金和航天科工出版基金每年分别资助30个项目和10个项目计算，分别需要基金资助300万元和100万元。对航天科技集团来说，每年需要增加150万元资助经费；对航天科工集团来说，原有的每年100万元资助经费不变，只是将其充分利用即可。如果以后申报项目增加较多，再提请两大集团适当提高资助额度。

另外，中国宇航出版社也要优化内部激励机制。目前采取的是“基本工资＋编审校费＋年终效益奖”的薪酬结构。这对于主要从事选题策划的编辑室负责人来说，是一个比较纠结的问题。如果把主要精力投入到选题策划工作中，编审校费会明显减少或者没有，而年终效益奖中，又没有固定比例用于奖励选题人员，主要是根据编审校的工作量来分配，这就造成了编辑室负责人既要开展选题策划工作，又不能丢掉编审校工作，致使两条战线作战，精力分散，难以兼顾。

建议设立选题奖，包括平时固定选题奖金和年终选题效益提成。平时固定选题奖金按选题种数计算，可以分成主动策划、征集书稿和作者投稿几种情况，确定不同的奖励标准，作为选题人员的工作量报酬，与编辑人员编审校费同步发放；年终选题效益提成可以在部门年终效益奖的基础上，确定一个比例系数，这部分奖金主要分配给负责选题策划的编辑室负责人和参与策划选题的编辑人员，以提高选题策划人员的积极性，其余部分参考编辑人员的工作量、承担的部门公共管理事务和平时工作表现，综合考评后发放。

（三）加强选题策划

除了外界因素和激励机制外，造成部分航天出版资源流失的主要原因，还是我们自己的选题能力不足，开拓能力不强，与作者的亲和力欠缺。我们要在加强队伍建设、创新激励机制的基础上，努力增强选题策划能力，提高选题策划水平，做好选题策划工作。

首先，做好现有项目的延续工作。包括《中国航天技术进展丛书》《载人航天出版工程》，在已有选题的基础上，注重后续选题的延续工作，充分利用现有项目的影响力，尽量延长现有项目的生命期。

其次，开发已有项目的衍生产品。比如，在《中国航天院士传记丛书》基础上，将部分图书改编成适合青少年阅读的少儿版——《航天科学家的故事丛书》，扩大其影响力，挖掘其新功效；在《中国载人航天科普丛书》基础上，扩大其覆盖面，从载人航天领域扩展到包括嫦娥探月、北斗导航、卫星遥感、卫星通信在内的多个领域，形成一套《走近航天科普丛书》，向社会读者广泛普及航天科技知识。

再次，加强创新项目的选题策划。突出中国航天特色，瞄准成熟技术领域，适时开展重点项目的开拓创新。比如，依托中国航天科技集团公司科技委和中国运载火箭技术研究院，组织编写《运载火箭技术丛书》，依托集团公司质量技术部和相关研究院，组织编写《航天质量系统工程丛书》，使这些项目能够成为“十四五”期间的骨干工程和拳头产品，继续扩大中国宇航出版社的专业引领力和社会影响力。

最后，还要处理好选题数量与选题质量、一般选题与重点选题、原创图书与引进版权、系统集成与原始创新，以及主动策划、定向约稿、征集书稿与作者投稿之间的关系。

选题数量与选题质量的关系：数量是基础，质量是生命。没有数量，就谈不上质量；没有质量，就等于自杀。

一般选题与重点选题的关系：一般选题代表着覆盖面，重点选题代表着影响力。没有重点选题，就形不成亮点，入选规划、申请资助、申报奖励，就是一句空话；全是重点选题，出版规模很难做大，每年只能完成少数项目。

原创图书与引进版权的关系：原创图书是打牢根基，引进版权是登高望远。没有原创图书，引进版权就是空中楼阁；没有引进版权，原创图书就是井底之蛙。

系统集成与原始创新的关系：系统集成是量的积累，由少到多、容易实现，但关联性弱、整体性差（如《航天院士文集》《载人航天出版工程》《中国航天技术进展丛书》）；原始创新是质的升华，从无到有、难以实现，但整体性强、影响力大（如《导弹与航天丛书》《中国载人航天科普丛书》《中国航天院士传记丛书》）。没有系统集成，重点项目的厚度不足；没有原始创新，核心竞争力难以提升。

主动策划：是作者按照编辑的设想创作书稿。编辑要确定选题、设计大纲，框定规模、拟定体例，明确对象、找准市场，聘请作者、落实经费。是最考验编辑水平的一种组稿活动。如组织作者编写《中国航天的历史使命》。

定向约稿：由编辑确定选题方向，邀请特定作者进行创作。书稿内容、写作风格、大体规模，基本由作者自行决定。需要编辑熟悉专业方向和作者群体。如请大国工匠高凤林编写《火箭发动机手工焊接》。

征集书稿：由编辑确定选题方向，向本领域作者征集书稿。掌握相关资源、具备相应水平的作者均可投稿。如向各院征集《航天质量系统工程丛书》书稿。

作者投稿：编辑不加引导，由作者根据自身情况和个人意愿自愿投稿，即通常所说的坐等书稿。如航天科技图书出版基金资助项目。

这几种组稿方式要全部掌握、合理运用。既不能完全坐等书稿，也不可能所有书稿都主动策划。在作者投稿与征集书稿的基础上，适当开展定向约稿和主动策划，既要保证出版规模，又要创建图书品牌。

总之，我们要抓住我国发展航天事业、建设航天强国的历史机遇，在做大的基础上做实，在做实的基础上做强，突出特点，保证重点，使航天出版事业快速发展，为航天强国建设和航天文化繁荣做出贡献。

科技期刊要做科技创新的活化酶

创新是人类社会发展的动力。创新思维来源于事物认知、实践总结、知识升华、观念更新及潜能物化；创新能力来源于对信息的获取。著名科学家钱学森认为：“科技信息是一门科学技术，是激活了的活化知识，是激活了的精神财富。”原国家科委主任宋健说过：“科技信息是科技发展的活化酶和催化剂。”科技期刊是科技信息的浓缩载体，是隐性知识的显性化展示。在科技迅猛发展、技术不断创新的时代，办好科技期刊对于促进科技创新具有重要意义。

一、科技期刊是科技创新的活化酶

（一）科技创新是科技发展的阶跃

如果没有科技创新，单纯依靠已有的科学技术，只能形成同类科技的堆积和循环，造成科技发展的停滞。科技创新是由量变到质变的阶跃过程，必然具有突破性、新颖性、深刻性，在相关专业领域形成升华。科技创新的积累阶跃过程如图 1 所示。

本文发表于《科技与出版》2011 年第 11 期，合作作者：吴涛，陈效真，张铁钧，收入本书时有少量修改。

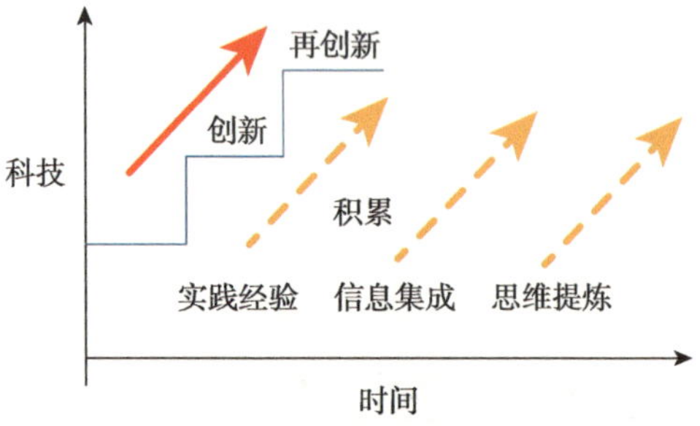

图 1　科技创新的积累阶跃过程

（二）科技创新的基础是科技信息集成

科技创新是一个循序渐进的积累阶跃过程，即通过实践探寻、信息集成、知识积累、思维提炼、能力提高，进行科技创新。这个过程是归纳、分析、综合、概括等推理思维的过程，是相似、对比、接近、关联等联想思维的过程。在这个过程中，科技信息集成是科技创新的基础，通过科技信息集成，来答疑解惑、激发创意、迸发火花，寻找解决技术问题的途径。

（三）科技期刊在科技创新中的作用

科技论文形成的过程，是一个创新的过程。科技论文不仅是总结实践经验，而且是从实践到理论的再创造，它在科技期刊上发表后，还会产生巨大的社会影响。如 1905 年，爱因斯坦的 5 篇学术论文在德文《物理学杂志》上发表后，改变了整个物理界的格局，对世界科技发展产生了巨大影响，这一年被誉为“爱因斯坦奇迹年”。

科技期刊刊登科技论文的过程，是一个“沙里淘金”的过程。科技论文要想在科技期刊上发表，必须要有新观点。科技期刊在选择、编辑、审定科技论文的过程中，必须了解科技发展动态，从科技人员撰写的大量科技论文中，找出具有创新点的文章加以刊登，使其成为其他科技人员继续进行科技创新的基础，并对其进行求证、探寻、参考和借鉴。科技期刊在科技创新中的作用如图 2 所示。

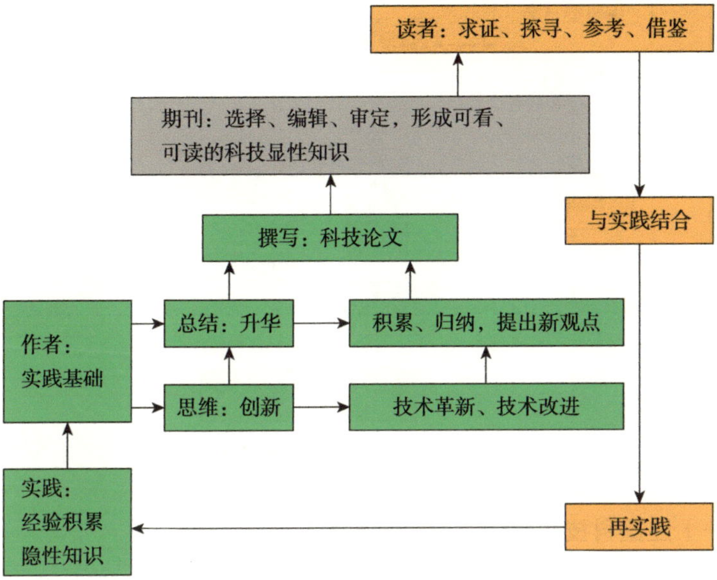

图 2　科技期刊在科技创新中的作用

二、如何使科技期刊做好科技创新的活化酶

科技期刊的工作网络如图 3 所示。由图可见，作者和读者是办好科技期刊的两个关键。作者，就是稿源，就是科技期刊的内容之源；读者，就是目标，就是科技期刊的服务对象。期刊编辑部的任务就是创造一个连接特定作者和特定读者的纽带、桥梁，这个纽带和桥梁就是我们要办的科技期刊。衡量一份科技期刊是否成功的标准，就是作者和读者的认可度。要办好科技期刊，一切工作都必须围绕这个标准来进行，使之真正成为科技创新的活化酶。

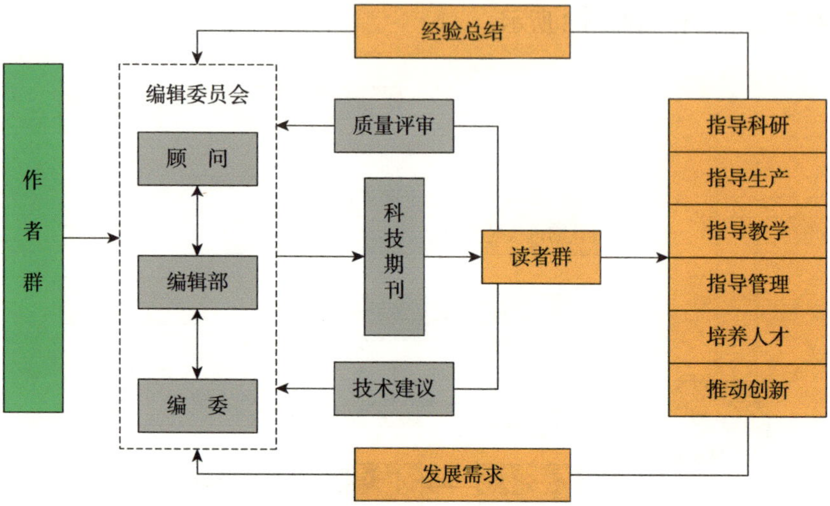

图 3　科技期刊的工作网络图

（一）注重科技期刊的时效性与典藏性

时效性，就是科技期刊要跟踪科技发展方向，跟上科技发展步伐，并融入科技发展过程之中。

在专业学术领域，要密切关注新思维、新认识、新观点、新见解、新理论、新方法、新发现、新拓展、新融合、新探索、新突破、新进展。

在工程型号领域，要密切关注研制、生产、试验、使用过程中的热点、难点、疑点问题和技术关键、工艺瓶颈。

在科技产品领域，要密切关注新型号、新品牌、新改进、新升级、新开发、新应用。

总之，就是要使科技期刊能给专业作者提供展现创新成果的媒体平台，能给专业读者提供跟踪科技发展的最新信息。

典藏性，就是科技期刊要对科技领域的专题、专项说清说透，对专题、专项的论述系统全面，实现系统策划、全面覆盖、有机衔接、权威分析，所收录论文的内容精准、精炼、精辟、精粹，使科技期刊对专业读者起到激发灵感、启迪思维、答疑解惑、规范术语、引经据典的作用，促进科技人员进行新的科技创新活动。科技期刊对科技创新的促进作用如图 4 所示。

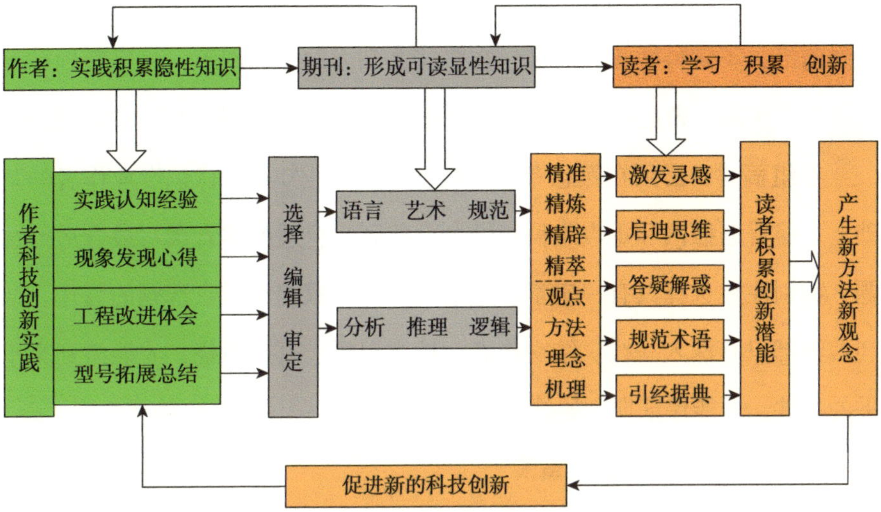

图 4　科技期刊对科技创新的促进作用

（二）做出差异、做出变化、做出特色

发现未知，再识已知，是科技期刊的使命。

在期刊定位的基础上做出特色，是办好科技期刊的关键。期刊特色包括深入性、前瞻性、学术性、严谨性、实用性、指导性。这是新时期高技术发展对科技期刊的要求，更是科技期刊自我生存发展、推动科技创新和培养科技人才的要求。在科技期刊丛林生长的环境里，只有做出差异、做出变化，才能形成科技期刊自身的特色，才能牢牢吸引住更多的高水平作者和更广泛的专业读者。

（三）提高选题、组稿的计划性

科技期刊均有一定的专业技术领域，均有一定的专业读者范围。为了提高科技期刊的学术水平和技术价值，跟踪科技发展趋势，促进科技创新，就要根据本专业领域的科技发展和科研生产需求，进行科技期刊的选题与组稿，以更好地发挥对专业读者的引导作用。

在选题时，必须有计划地对各栏目进行预先设计，有计划地安排各栏目的重点内容。期刊编辑部要深入本专业领域的科研生产实际，跟踪科技发展前沿，了解科技攻关关键，在坚持办刊方向的原则下，尽量策划贴近科研生产实际、满足科技发展需要和读者需求，以及填补技术空白的选题。

在组稿时，必须在熟悉专业领域、了解专业知识、认识专业作者的基础上，将普遍撒网和重点组稿相结合，找到最合适的作者撰写最合适的选题，特别注重选择具有一定学术造诣的一线专家担纲重点选题的写作。期刊编辑部只有深入一线、结交作者、持之以恒、百折不挠，才能组到高水平的稿件，才能保证期刊始终处于高质量状态。

（四）重视编辑素养的熏陶

编辑是科技期刊的设计者、组织者和生产者，是新知识、新技术、新成果的催生者，因此，必须有强烈的事业心与责任感，有过硬的业务素质和严谨的工作作风。科技期刊编辑要始终跟踪专业技术的发展，加强专业知识的学习，增强与专业作者对话的能力；同时，也要培养组织活动能力，经常深入科研生产一线，与专业作者交朋友，时刻了解专业作者的工作进展；再有，还要培养严慎细实的工作作风，对技术问题一丝不苟、严谨细致、精益求精，用自己的专业素养打造优质期刊，为专业读者提供高质量的精神食粮。

（五）重视作者队伍的培育

作者队伍是科技期刊的内容之源和品质保证。谁掌握了高水平的作者队伍，谁就具备了办好科技期刊的人才基础。为了培养高水平的作者队伍，首先，要提高科技期刊的办刊质量，用高质量的期刊吸引高水平的作者，使之形成良性循环；其次，要注意发现新作者、帮助新作者、培育新作者，使新作者通过在科技期刊上发表论文，提高在专业领域的知名度与影响力，并逐渐成长为高水平作者；再有，要树立为作者服务的意识，通过科技期刊这个平台，举办学术技术研讨会，与专业科技人员形成良性互动，把高水平的作者群团结在自己周围，使科技期刊成为专业科技人员之家。

（六）重视专家把关的作用

要想办好高质量的科技期刊，仅靠期刊编辑部还难以做到，因为期刊编辑人员毕竟不是从事专业技术的研究人员，很难从宏观上把握专业技术的发展趋势，从深度上把握专业技术的具体细节。这就需要一个权威的专家队伍，从专业层面对科技期刊的办刊方向、专业技术的报道趋向，以及学术观点的阐述方式进行把关。

为了实现这个目的，科技期刊大都在编辑部之上，设立科技期刊编委会，由知名专家担任编委会主任、副主任和编委，并聘请德高望重的老领导、老专家担任编委会顾问。科技期刊编委会是办好科技期刊的坚强后盾和重要保证，通过指导办刊方向、推荐作者选题、审定重点稿件、把握技术水平等方式，指导编辑部的工作，为把科技期刊办成高质量的学术刊物出谋划策。

图书评论

撰写书评，是对编辑的基本要求。

要想写好书评，既要对所评介图书有深入的了解，又要对同类型图书有大致的掌握，还要勤于动笔撰写、抓住时机发表。

写好书评，对于加深编辑对图书的理解、增进编辑与作者的交流、提高图书的知名度与影响力，具有明显作用。

该部分收录了几篇书评，希望对大家有所启发。

民机技术的鼎力之作

——介绍《干线飞机空气动力学和飞行力学》

《干线飞机空气动力学和飞行力学》是由俄罗斯中央空气流体动力研究院（简称 ЦАГИ）前副院长、著名空气动力学家 Г.С. 比施根斯院士组织该院十几位空气动力及飞行力学方面的资深专家联合编写的民用飞机技术专著。这些专家具有几十年从事干线飞机空气动力学和飞行力学工作的经验，参加过飞机设计和飞机方案的审定工作，并做了大量有关干线飞机的实验研究，具有丰富的理论水平和实践经验。特

本文发表于 1997 年 5 月 9 日出版的《中国航空报》，收入本书时有少量修改。

别是主编比施根斯院士，可以称得上俄罗斯航空界的权威，1996 年被中国工程院授予外籍院士，并被国家科委授予 1996 年国际科技合作奖。

ЦАГИ 是世界上享有盛名的航空航天科研单位之一，对苏联 / 俄罗斯飞机的研制发展做出过重大贡献，积累了丰富的经验。近年来，遵循党中央、国务院的有关指示，中国航空研究院与其开展了广泛的技术合作，此书便是双方合作的产物。当时，俄罗斯经济状况不佳，专业技术图书出版困难，顾诵芬[①]院士看到该书书稿后，给予了高度评价，力荐由航空工业出版社出版，并以中国航空研究院的名义与其签订合作协议，获得了该书俄文版和中文版在中国出版的专有出版权，这对于我国引进干线飞机的关键技术、自行设计中国的干线飞机具有重大意义。

该书围绕当代先进民用飞机总体气动设计实践，将飞机机体和控制系统作为一个整体，按照综合应用空气动力学、飞行力学、空气弹性力学和现代控制理论的方法进行飞机气动设计和分析，专论干线飞机的翼型、三元机翼、动力装置、控制系统的空气动力学和飞行力学等问题，全面反映了苏联 / 俄罗斯当代民用飞机研制和技术研究的丰硕成果，同时也分析了西方当代干线飞机的设计技术，使该书具备集先进性、系统性和实用性于一身的鲜明特色。

鉴于该书的科学水平和应用价值，世界上还没有一种公开出版的同类专著能与之相比，它是对我国民用飞机科研人员极有帮助、十分难得的一本科技专著。

---

① 顾诵芬，歼八Ⅱ飞机总设计师，中国科学院院士，中国工程院院士，2020 年荣获国家最高科学技术奖。

让飞机“飞”起来

——评介《世界军用飞机》光盘

飞机，是广大航空爱好者和青少年朋友特别迷恋的神秘之物。尽管有关飞机的书刊出版了很多，包括文字介绍、彩色画册、航空杂志、飞机图片，不少航空爱好者也有了一定的收藏，但遗憾的是，无论这些飞机介绍得如何详细，拍摄得多么独特，印制得何等精美，仍然是些“死”飞机，“飞”不起来。随着电子出版物的出现，这一缺憾得以弥补，《世界军用飞机》光盘（CD-ROM）的出版，向广大航空爱好者展现了一大批会“飞”的飞机。

本文发表于 1998 年 7 月 2 日出版的《新闻出版报》，收入本书时有少量修改。

由谢础教授主编、中国航空信息中心制作、航空工业出版社出版的《世界军用飞机》光盘，是国内最早开发的几种关于飞机的电子出版物之一，它收录了当今世界各国包括战斗机、攻击机、轰炸机、运输机、预警机、反潜机、电子干扰机、侦察机、教练机、武装直升机和无人机在内的11个类别、100余种著名飞机。

除了有关这些飞机的研制生产情况、几何技术数据和武器装备配置等方面的文字介绍外，还选配了近千张彩色图片，特别是增加了各种飞机的飞行镜头，总长度达50多分钟，给读者以真实的飞行感受。

为了方便读者阅读、查询，光盘制作者设计了精美、友好的用户界面。打开光盘，首先呈现在读者面前的是一段几种著名军机的三维动画片头，然后是按类别划分的带有飞机图片和飞机名称的机种目录，您想看哪种飞机，就可用鼠标“点”哪一架。进入每一种飞机的界面，又有多种选择，您可以欣赏从不同角度拍摄的飞机图片；也可以查询此种飞机的文字信息；如果想让这架飞机“飞”起来,您只需在“录像”图标上轻轻一按,它便将空中雄姿展现在您的眼前。

为了便于查阅，制作者还设计了灵活便捷的跳转方式，您可以从一架飞机转入另一架飞机，从这一类飞机跳到那一类飞机。除了介绍飞机本身外，还附带介绍了世界55家主要军用飞机制造公司的情况和10多个国家军用飞机的装备信息，使读者对世界航空发展和军机装备情况有所了解，并对常用航空名词做了解释，给读者增加一些航空方面的知识。

尽管该光盘制作精心、设计精巧，可以说在国内航空电子出版物中独树一帜，但由于初次尝试，还有一些不完善之处，与国外同类产品相比尚有一定差距。如果除了中文介绍、外观形象和飞机视频外，再加上英文介绍和中英文解说，并把飞机的内部结构展示给读者，或采用热键方式，使读者能在电脑上随意“打”开飞机各个部分的舱盖、蒙皮，让读者进入飞机“中”间，则会给读者更多信息量，让读者享受到无穷乐趣。

外太空有文明吗？

——介绍科普新作《追寻蓝色星球》

1999年11月21日，神舟一号飞行试验取得圆满成功，标志着中国基本上掌握了载人航天技术，这一成功极大地激发了中国人的民族自豪感和对太空的神秘感。那么，太空究竟是什么样子？太空中有没有生命存在？外太空文明在哪里？最近，美国国家航空航天局（NASA）的华裔资深科学家李杰信博士在其新出版的《追寻蓝色星球》①一书中，对此进行了详尽的分析与理性的推断。

人类自20世纪60年代首次进入太空以来，已经对太空进行了无数次的探索研究。宇航员多次登上月球，航天器已经着陆火星，各种探测器飞到了太阳系的多个星球，除了在地球南极发现的可能含有36亿年前细菌生命的火星化石有可能证明火星上曾经存在生命外，太阳系内存在地球生命伴侣的希望基本破灭。在新世纪，人类要把视线穿过太阳系，瞄向外太空，

本文发表于2000年4月5日出版的《中学生科学报》，由于版面所限，发表时作了适当删减。收入本书时，为了逻辑推理的完整性，又增补了相关内容。

① 该书2000年1月由航空工业出版社出版。

继续寻找太空生命的线索。

根据现有的科学知识，高等生物的存在和演进，必须依赖大量的水和氧气。而拥有水和氧气的星球，跟地球一样，远远望去一定是蓝色的。追寻蓝色星球，探求外太空生命，是21世纪人类的梦想。

仅我们居住的银河系，就有3000亿个像太阳一样的恒星。在如此众多的恒星中，难道没有一个像地球一样、适合生命生存的行星吗？即使地球形成的偶然性再大，从概率论观点来看，存在类似地球行星的可能性也不会绝无仅有。

首先，地球所围绕的太阳不能太重，否则燃烧太快；也不能太轻，否则热量不够。其次，地球外围要有一颗木星，而且一定要够大、够重，才能把偶发的大小陨石吸引过去，避免地球遭受毁灭性打击。地球旁边还要有一个月亮，来平衡自转轴的变化，否则地球的南北极会快速移位，造成洪水和冰河期的交替出现，破坏生命生存的必要条件。

地球要支持生命发展，一定要有大量的液态水。因此，地球既不能离太阳太近，否则水会汽化；也不能离太阳太远，否则水会结冰。地球的轨道必须是圆的，使冬夏两季温差不大。地球要能够自转，形成昼夜交替，否则，面向太阳的一面会很热，背向太阳的一面会很冷，不适合生命存活。地球需要地壳循环、加热，把冻结的水释放出来，以固定海洋水位，通过洋流使地球温度更加均匀，给生物提供一个稳定发展的环境。地球还要有一个适当厚度的大气层，一来遮挡宇宙射线的辐射，二来防止地球热量的散失，三来用其中的氧气支持生命。

在我们的银河系，有3000亿颗恒星。符合生命发展条件的恒星，必须已经稳定地燃烧了30亿年以上，估计有三分之一约1000亿颗恒星满足这个条件。在整个宇宙中，可能比这个数目还要多出1000亿倍。

以目前发现行星的速度推测，绝大多数长期燃烧的恒星，都应拥有与太阳系类似的行星。太阳系有九大行星①，但只有一个岩石性结构的地球适合生命的发展。按此推测，假设每个恒星平均有10个行星，其中有一个类地行星，每4个类地行星只有一个能支持生命。那么，在银河系，1000亿颗稳定燃烧的恒星，共有近1万亿颗行星，其中适合生命发展的有1/40，即约有250亿颗行星能支持生命的发展。在这些行星中，有多少真正拥有

①“九大行星”，是在2006年8月24日国际天文学联合会大会召开之前，太阳系九颗行星的合称。在这次会议上，经过投票表决，冥王星被降级为矮行星，此后，太阳系只剩下八大行星。

了生命？ 1/2 是个合理的估计。又有多少生命能演进成文明世界？以地球的经验，在自然选择的强大竞争中，生命无法避免地不停地朝着复杂化方向发展，只要给予足够的时间，智慧型生命的出现是个合理的结果。以地球 45 亿年为标准，在 30 亿年以上的太阳系中，有 3/4 的行星符合这个条件，250 亿乘以 1/2 再乘以 3/4，总共约有 100 亿颗行星，应曾有过智慧型生命。

智慧型生命发展出来的文明世界，在宇宙间同时存在的概率很小。这里所说的文明世界，必须拥有电磁波的科技文明。以地球为例，在整个宇宙 100 多亿年的寿命史上，仅占 100 年不到。如果别的太空文明，在几千年前曾用无线电波侦测过地球，他们的结论肯定是“地球没有文明”。地球文明也可能因为诸多因素，在一定时间内毁灭，毁灭后，外太空文明也侦测不到地球文明。假设地球文明的寿命在宇宙中是典型的，我们将宇宙文明世界的平均寿命以未知数 L 年表示，则某个文明世界被侦测到的概率仅占 L/100 亿，那么，100 亿个文明世界被侦测到的个数则为 L/100 亿 ×100 亿 =L，即最后的结论是，能够被侦测到的外太空文明世界的数目与宇宙文明平均寿命的年数相当。以目前地球文明寿命 100 年计算，在银河系上百亿个曾拥有过智慧型生命的行星中，应有近百个我们能侦测到的文明世界。如地球的文明寿命能延续到千年、万年，甚至几百万年，则将会有更多的文明世界可能被我们侦测到。

惴克（Drake）在 20 世纪 60 年代就公布了这个无比深刻的发现，并开始大力推广无线电望远镜，倾听外太空文明的信号。1974 年，又设计了人类第一封送往外太空的电报，共 1679 个连续不断的 0 与 1 的二进制数字，内容包括：1 ~ 10 的数字系统；5 个生命组成元素的质子数；4 个遗传基因密码子的化学公式；去氧核糖核酸（DNA）双螺旋结构；约 40 亿人类染色体基底数；人类的图像、身高和地球人口总数；地球在太阳系的位置；发射信号天线盘形状和大小等。发射目标是 24000 光年外的武仙星座。

如果外太空文明接到这封电报，他们一定会发现，1679是由两个质数23和73相乘所得，于是把这些0与1排成23行73列，就解开了我们的密码。不同文明的首次通信，质数极可能是彼此打招呼的开场白。

20世纪70年代，我们还发射了载着人类文明信息的航天器，飞离太阳系，向广漠的外太空驶去，发出人类寻找朋友的渴望。如果幸运的话，它们也得经过近10万年的飞行，才能抵达最近的星系。即使别的文明发现并看懂了它，20万年后，我们才能接到回信。

至于登门造访，可能是一个永远难圆的梦想。以人类目前的科技水准，即使在距离太阳系最近的4光年的恒星旁找到朋友，也要飞行8万年，并在飞船上繁殖3000代，才能相见。

即使我们永远无法见到与世隔绝的新朋友，但就心理而言，人类再也不会有宇宙单人行的凄楚感觉了。

假如我们尽了巨大的努力，在外太空找不到其他文明世界，结论首先就是文明的寿命短暂，我们很可能是宇宙的孤本，应该更加珍惜地球脆弱的文明。如果找到了即使一个其他文明，则我们对地球文明的延续将无比乐观，并且可从几百年甚至上千万年前发出的外太空文明信号中取得宝贵的知识和经验，从他们过去文明的历史，展望我们文明的未来。

动用千人　历经十载

——大型工具书《航空制造工程手册》出齐并获奖

《航空制造工程手册》是一套航空制造技术方面的大型工具书，经过千余名专家近 10 年的努力创作，航空工业出版社用了 8 年时间，出齐了共计 4000 余万字的全部 31 个分册。

我国航空工业已走过了近半个世纪的不平凡历程，从飞机的修理、仿制到自行研制、生产，航空制造工程得到了长足发展，积累了大量经验，取得了丰硕成果。特别是改革开放以来，又从发达国家引进了很多新技术、新设备、新工艺、新材料，形成了航空高技术产业中一个非常重要的组成部分。

面对航空工业科技人员大规模的新老交替和航空高技术产业发展的新趋势，如何将这些内容浩繁、层次复杂、学科众多的航空制造技术和经验汇集起来，使之成为我国航空界乃至国家的宝贵财富，并传给后人，是一项摆在当今航空制造技术人员面前的具有重大价值和长远意义的严峻课

本文发表于《科技与出版》2000 年增刊。

题。为此，原航空航天工业部于 1989 年决定，组织全行业的力量，编写一套覆盖航空制造工程各专业、各学科的大型手册，为航空制造业在新世纪的进一步发展提供丰富的技术储备和坚实的技术基础。

这套手册的编写是一项极其复杂、规模宏大的系统工程。原航空航天工业部本着继往开来的历史责任感和紧迫感，统一计划、统一部署，组织全行业制造工程各方面造诣至深的专家、学者、教授千余人，经过近 10 年的努力，终于完成了这一历史使命。

全体编写人员始终坚持“求实、求新、求精、求是”的原则，在确保鲜明航空特色的前提下，在总体内容上强调实用性、综合性、成套性；在表达形式上，以技术数据、图形表格、数学公式为主；力求使手册成为一套概念准确、数据可靠、结构严谨、文字精练、编排合理、查阅方便的大型工具书。

在出版过程中，航空工业出版社始终将这套手册列为重中之重，组织骨干人员参加编辑、出版工作，并加强质量控制，优选印装材料，统一装帧格式，经过8年努力，到1998年出齐了全部31个分册。

这套手册出版后，受到行业内外广大制造工程技术人员的热烈欢迎，各厂所院校踊跃订购，用于指导实际工作。他们称赞这套手册的出版既总结了以前的工作经验，也为以后的工作打下了基础，是一项对老专家宝贵知识财富的“抢救工程”，必将为航空工业的发展起到巨大的推动作用。

这套手册已有19个分册获得中国航空工业总公司科技进步奖，其中二等奖17项，三等奖2项。1999年，全套手册又获得了新闻出版署颁发的“全国优秀科技图书奖”暨“科技进步奖（科技著作）”三等奖。

系统　全面　新颖　实用

——简评《国防科技名词大典》

由国防科工委牵头组织，栾恩杰担任总主编，航空工业出版社、兵器工业出版社、原子能出版社联合出版的《国防科技名词大典》已于年初与读者见面。通过对全书概略性地翻阅，感觉这是一套不可多得的工具书，依本人之见，该书有以下几个特点。

一、系统性

在此之前，国防科技工业系统编写了不少工具书，但都是各军工行业独立编写的，相互之间既有交叉重复的内容，也有相互矛盾的地方。而本书是由国防科工委出面组织，各军工行业共同参与、统一编纂的，因此，在系统性方面有了质的飞跃。例如，在整体结构方面，该书把反映国防科技工业总体技术的综合性词汇，各军工行业共有的设计、制造、材料、试验等通用性词汇，以及国防科技工业技术基础领域的基础性词汇收录在综合卷，把具有行业特色的科技词汇收录在各专业卷，把电子行业的基础性

本文发表于2002年6月12日出版的《中华读书报》，收入本书时有少量修改。

词汇收录在电子卷，而行业电子词汇则收录在相应专业卷，并在综合卷的最后，附有全书的总索引，这样，既避免了相互重复及相互矛盾的问题，又便于在全书中查找任一词条；又如，在各卷中，均按专业类别编排了分类目录，读者从中可以完整地看到各军工行业的专业结构，并方便地按专业内容进行检索；再如，虽然个别专业词条在各卷之间有重复交叉，但是为了保持专业的系统性及结构的完整性，分别在不同卷的分类目录中列出，并以“见”的方式在其他卷查找释文，像“适航性”“舰载飞机”等词条就是以这种方式处理的。

二、全面性

本书之所以能称为《大典》，原因就在于它的全面性。从收词数量来看，20000 多个国防科技专业名词术语，可以说是我国 50 多年来国防科技工作的总结与升华，是世界先进国家国防科技词汇的汇集与吸纳，这里尚不包括其他行业通用的经济管理方面的专业词汇、自然科学方面的基础词汇以及百科全书中惯有的人物、组织机构类词汇；从涉及行业来看，包括了国防科技工业的所有军工行业，不仅有国防科技工业系统中的 5 大行业：核能、航天、航空、船舶、兵器，还有信息行业的军用电子部分；从专业层次来看，大到“飞机”“坦克”“军舰”等武器平台，中到“导弹”“鱼雷”

等武器系统，小到“枪弹”“引信”等武器部件。就其全面性而言，正如该书前言中所说，它是我国第一部集国防科技工业各领域专业名词术语于一体的大型工具书。

三、新颖性

从内容方面看，该书选词立足现在，着眼未来。编者本着“厚今薄古”的原则，站在世纪之交的高度，主要收录现代国防科技工作中常用的科技词汇，少量收录具有前瞻性的国防科技词汇，基本不收录曾在历史上出现过、但现在已基本不用的国防科技用语。在本书中可以查到“动能武器”“黑客武器”“生物芯片”“微型飞行器”“天基武器平台”“国家导弹防御系统”等最新国防科技词汇，而像冷兵器时代的“刀”“枪”“剑”“戟”，航空史上的“竹蜻蜓”“松脂灯”等现代不常用的词汇，则在本书中见不到。从形式上看，本书一改过去“白纸黑字”的传统印刷方式，采用全彩色印刷，特别是配以大量的结构图、原理图、示意图、曲线图（共6000余幅），并使用电脑制作，达到了以文为主、图文并茂的效果，既形象、直观，便于理解，又起到了活跃版面、引人入胜的作用，做到了内容与形式的完美结合。

四、实用性

一方面，该书系统性强，权威性高，将原来许多不同行业各自表述的概念、定义进行规范、统一，起到了标准化、规范化的作用，使整个国防科技工业系统对相同词条有了统一称谓与严格定义，科技人员和管理人员不必再为科技名词术语叫法不一、定义不准、界定不清而犯愁；另一方面，该书词条结构完整，既有中文名称，又有外文名称，既有准确定义，又有简要解释，既有文字叙述，又有表格插图，既有定性描述，又有具体数据，既比一般词典详细，又比百科全书简练，能使读者更准确、形象地理解词条释义，满足了读者多方面的使用要求；再一方面，就是编排科学合理，读者既可按专业内容检索，又可按拼音顺序检索，既可按中文名称检索，又可按外文名称检索，既可单卷检索，又可全书检索，检索起来方便快捷，检准率高。

当然，本书也有一些不足之处，如个别外文名称不够准确，叫法还欠规范；总索引中条目很多，而书眉未加拼音字头，检索起来不够方便。这些问题应在修订再版时加以修改、完善。

总之，本书是我国国防科技工业系统第一部集各军工行业科技词汇于一体的大型工具书，是我国国防科技工业发展过程中的一个里程碑，相信它将成为广大国防科技人员和管理人员工作中的良师益友与案头必备的工具书，必将对新世纪我国国防科技工业的发展起到一个良好的推动作用。

《登陆火星》
——美国火星探险车发展历程的生动写照

2004年1月3日和24日，美国向火星发射的两台探险车“精神号”[①]和“机遇号”相继成功着陆，至今已运行了4年多，分别行驶了7.5千米和11.6千米，共拍摄了20多万幅照片，几千套光谱图，获得了巨大的成功，首次证明火星环境有可能曾经支持生命的存在。

但是，火星探险车自项目启动到成功着陆，却历时17年。在这17年里，该项目历经多次跌宕起伏，曾经几度起死回生，在这个漫长的发展过程中，项目团队凭着对科学执著追求的精神和坚韧不拔的毅力，克服重重困难，最终梦想成真。

为了如实记录项目研制过程中那些如临深渊、如履薄冰、血脉偾张的分分秒秒，向社会公众展示深空探测事业的异常艰辛和人类探索未知世界

本文发表于《现代阅读》2008年第5期，收入本书时有部分修改。

① 原文为“Spirit”，又译为“勇气号”。本书中文版推荐专家、美籍华裔科学家、华盛顿大学教授王阿莲博士认为，美国火星探险车项目团队用“Spirit”命名该探险车，是取其“精神”之意，故《登陆火星》一书将其译为“精神号”。

的科学精神，再现献身航天事业、在风险与艰难中大胆探索的科学家和工程师团队，火星探险车项目首席科学家史蒂夫·斯奎尔斯博士（图 1）在探险车登陆火星 9 个月后，创作了一部纪实文学——《登陆火星》。

在本书中，史蒂夫博士以首席科学家和项目领导者的高度和视野，丝丝入扣地讲述了火星探险车项目长达 17 年的发展历程，包括从科学目标的确定、科学团队的组建、科学载荷的研发、火星探险车的设计（图 2）、登陆点的选择、下降着陆的安全保障到最终登陆成功并控制探险车运行等大量台前幕后、惊心动魄、感人至深的故事。其中既有对科学目标的正确决策，也有攻克难关中的艰苦曲折。斯奎尔斯捕捉到项目发展过程中每一次辉煌的成功和令人沮丧的挫折——既有科学团队在项目竞争中的惨败，又有可能导致灾难的设计缺陷，还有科学家和工程师之间的紧张冲突。

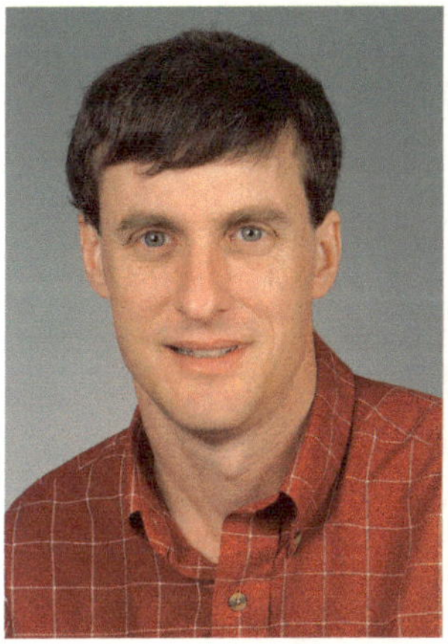

图 1　史蒂夫·斯奎尔斯博士

图 2　火星探险车设计示意图

航天科学充满了风险和不确定性，失败和挫折司空见惯。火星探险车项目的筹备和发展，正赶上美国国家航空航天局以及它的火星计划“走麦城”时期。两个发往火星的探测器杳无音信，紧接着哥伦比亚号航天飞机爆炸、7 名宇航员丧生。当时，来自美国公众、国会和国家航空航天局的巨大压力，把这个项目推到了背水一战的严峻境地：只能成功，不许失败（这与中国航天 1996 年所面临的“失败不起，没有退路，只能成功”的境地非常相似）。为了保证成功，火星探险车科学载荷被迫做出彻底修改。当最终方案确定时，离预定发射日期只剩下 34 个月的时间。他们为了把探险车送上发射塔，与时间展开了扣人心弦的赛跑，在离发射窗口结束还剩 7 天时，完成了第二台探险车“机遇号”的发射（图 3）。探险车登陆火星后，控制人员克服了一系列前所未有的困难，包括火星与地球时间的错位、火星恶劣的气候以及“精神号”与控制中心几近致命的通信中断。天道酬勤，探险车功能的发挥远远超出了所有人的预期。

图 3 “机遇号”火星探险车发射现场

斯奎尔斯妙笔生花，记录了火星探险车项目团队经过 17 年的跌宕起伏、荣耀辛酸、迂回曲折和偶尔的彷徨迷茫，最终获得成功的戏剧性过程。本书既是一部真实的历险记，也是项目团队太空探险生活的生动写照。

本书出版后，因其故事扣人心弦、情节跌宕起伏、内容真实感人、语言通俗易懂，而在美国和欧洲公众中引起轰动，由此造就了大批青少年“火星迷”。美国沃特·迪斯尼电影公司以该书为脚本，拍摄了一部纪实影片《漫游火星》，目前正在美国各地上映。图 4 为《漫游火星》的电影海报，电影片断的链接网址为：http://disney.go.com/disneypictures/rovingmars/。

图 4 《漫游火星》电影海报

经美籍华裔科学家王阿莲博士推荐，中国宇航出版社于2008年1月出版了《登陆火星》中文版（图5）。

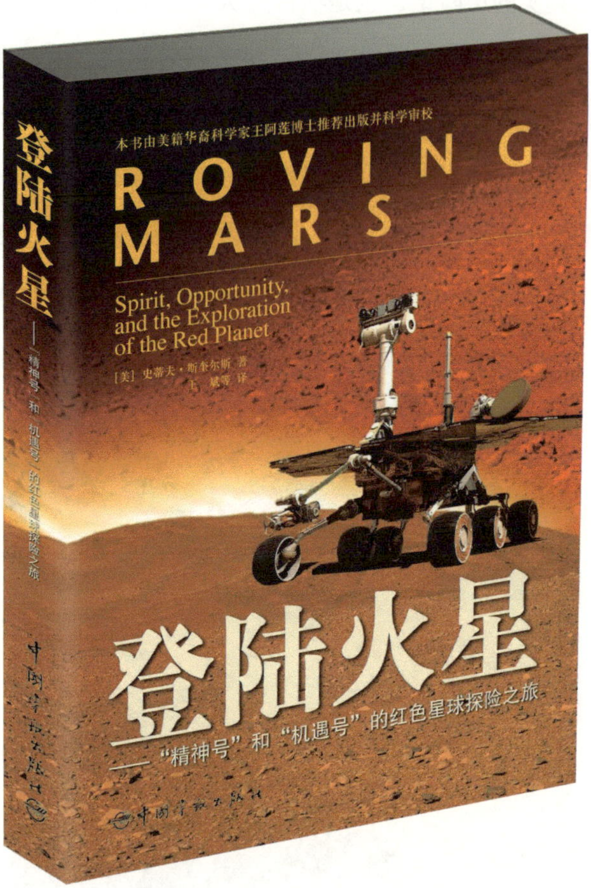

图5 《登陆火星》中文版

中文版除了包括原版书的全部内容及图片外，还新增了推荐者序、原作者撰写的中文版序，以及两台探险车近4年来的行驶路线图（图6）和在本书英文版出版后拍摄的部分火星地貌（图7）及岩石图片，其中10多块岩石是2006年春节期间“精神号”在行驶途中拍摄的，火星探险车项目团队用中国历史中的神话人物和山川大地的名字为它们进行了命名。

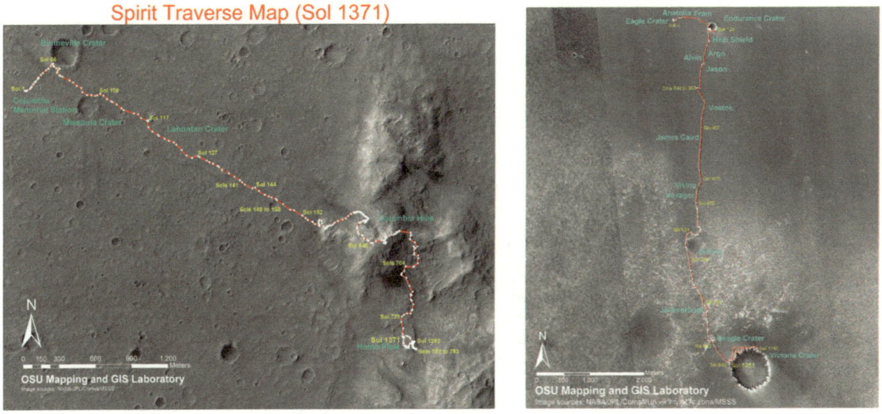

图 6 “精神号”（左）和“机遇号”（右）行驶路线图

（截至 2007 年 11 月 12 日）

图 7 “机遇号”火星探险车 2007 年 5 月 6 日拍摄的火星地貌

中国“嫦娥一号”探月卫星的成功发射和精确入轨，激起了社会大众对我国未来深空探测活动前所未有的关注。本书所提供的人类最新火星探险的翔实经历和宝贵经验，值得我国航天工业管理者、相关领域科学家、所有航天人、航天爱好者和广大青少年朋友阅读和借鉴。

这部纪实文学不仅是写给航天科学家和工程师的，也是写给所有有思想、有激情、渴望体验太空探险的朋友们的。

严慎细实　打造精品

——《中国载人航天科普丛书》编写出版侧记

摘　要　本文以《中国载人航天科普丛书》的成书历程为例，从定位、规模、书稿、内容、产品等5个角度，讲述成书过程中遇到疑问与选择时，如何思考、如何操作，希望对业界同仁策划图书有所帮助。

关键词　载人航天；科普；中国宇航出版社

2016年1月8日，中共中央、国务院在人民大会堂隆重举行2015年度国家科学技术奖励大会，党和国家领导人出席会议，并向获奖代表颁奖。中国载人航天工程办公室组织编写、中国宇航出版社出版的《中国载人航天科普丛书》(图1)，被授予国家科学技术进步奖二等奖。

该项目于2006年立项，由包括5位院士在内的近百名载人航天一线专家集体撰写，历时5年出版发行，走过了一系列不平凡的创作历程。

本文发表于《科技与出版》2016年第5期；笔者以此为基础，于2016年10月27日在北京科普发展中心举办的科普讲座上介绍出版经验。

本文从定位、规模、书稿、内容、产品等 5 个角度，讲述成书过程中遇到疑问与选择时，如何思考、如何操作，希望对业界同仁策划图书有所帮助。

一、定位：是技术专著，还是科普读物？

中国载人航天工程于 1992 年启动，经过十几年的研制、试验，先后发射了 4 艘无人飞船，并于 2003 年和 2005 年成功发射神舟五号和神舟六号载人飞船，实现了中华民族的千年飞天梦。

此时，中国宇航出版社历时 20 多年出版的大型航天科技专著《导弹与航天丛书》（155 卷）已接近尾声。社领导计划依托中国载人航天工程，出版一套载人航天科技专著，使之成为《导弹与航天丛书》的延伸产品，同时为工程后续发展提供技术支持。

2006 年年初，社领导带着这个想法，拜访了时任中国载人航天工程总设计师王永志[①]院士。王永志认为，中国载人航天工程之所以取得举世瞩目的成就，离不开党中央、国务院、中央军委的正确领导，离不开广大航天人的刻苦攻关，也离不开社会各界的大力支持。与其编写一套载人航天科技专著，不如出版一套载人航天科普丛书，来回报全国人民对中国载人航天事业的支持与厚爱，向社会读者普及载人航天科技知识。

就这样，中国宇航出版社将出版载人航天科技专著的计划，变成了策划载人航天科普丛书的行动。

二、规模：是合成五卷，还是分成七卷？

经过调研和论证，决定将这套丛书定名为《中国载人航天科普丛书》（以下简称《丛书》），并组建了总编委会，落实了编写单位。

在进行顶层设计时，根据中国载人航天工程的技术构成，同时兼顾读者的承受能力，计划将《丛书》设计为 5 卷，即工程总体独立成卷，重点介绍工程总体设计、系统构成知识；运载火箭和发射场合成一卷，主要介绍运载火箭的技术构成和发射程序；载人航天器自成一卷，介绍载人飞船、航天飞机和空间站这三种载人航天器的技术构成和各自特点；航天员和空间应用编为一卷，主要介绍航天员的选拔训练和在近地空间的技术应用；测控通信和着陆场合为一卷，主要介绍飞船运行段的测控通信和返回着陆时的搜索救援。

不料，在将这一设想提交总编委会讨论时，遭到了有关编写单位的反对。他们认为，中国载人航天工程是由工程总体和 7 个系统构成的，每个

---

① 王永志是我国航天技术专家，国际宇航科学院院士，中国工程院院士。曾任中国运载火箭技术研究院院长、中国载人航天工程总设计师。现任中国载人航天工程高级顾问，清华大学航天航空学院院长。2003 年荣获国家最高科学技术奖，2019 年被授予“最美奋斗者”称号。

系统各自独立。如果 2 个系统合写一卷，既不便于素材融合，也不利于作者沟通。

经过总编委会反复研究，最终决定，除了测控通信和着陆场（这 2 个系统由同一个单位负责）继续保持 1 卷外，其他各系统独立成卷，各卷在出版规模方面稍加控制，以照顾读者的承受能力。因此，《丛书》由 5 卷扩充到了 7 卷。

三、书稿：是择优选用，还是合二为一？

在载人航天领域，发射场的建设和使用分别由两个单位负责。根据总编委会的安排，由这两个单位共同编写发射场卷。由于两个单位相距遥远，沟通不便，协调不畅，各自独立创作了一部书稿。

这样问题就来了。出版社到底选用哪部书稿？是从两部书稿中择优选用，还是将两部书稿合二为一？前一方案无疑会挫伤未被选中单位的积极性；后一方案又会加大出版社的工作量。怎么办？

经过研究，出版社领导决定，优选两部书稿的精彩内容，将其整合为一部书稿。出版社是为作者服务的，就是再难，也要啃下这块硬骨头。

中国宇航出版社组织得力人员，对两部书稿进行二次创作：既要保持书稿结构的完整性，又要照顾两个单位的平衡性；既要注意技术内容的正确性，又要保持叙述风格的一致性。经过几个月的艰苦劳动，两部书稿合成了一部，两个单位皆大欢喜。

四、内容：是形象生动，还是准确严谨？

各卷作者在创作书稿时，一开始都本着通俗易懂、深入浅出的原则来撰写，其中运用了大量形象、生动的比喻。比如：将“火箭”比喻成“人”，“发动机”相当于人的“心脏”，“控制系统”相当于人的“大脑”，“推进剂输送管路”相当于人的“血管”。

当书稿提交总编委会审定时，编委们认为，有些比喻虽有一定的吻合性，但并不是十分恰当。《中国载人航天科普丛书》是由国家载人航天主管部门组织编写的科普读物，要确保其准确性和严谨性。如果由于通俗性、生动性不够，文化程度稍低的读者看不懂，可以将《丛书》定位于高级科普读物，供具有一定文化程度和科学素质的读者阅读。

根据总编委会的要求，各卷作者又对书稿进行了改写，并请相关专家进行技术审查，确保了书稿的准确性和严谨性。

五、产品：是尽快上市，还是确保质量？

经过作者三年多的创作、修改、完善，出版社又用了一年多时间进行编、排、审、校。期间，神舟七号发射成功，载人航天技术有了新发展，载人航天数据有了新变化，因此，对书稿又进行了一轮修改。编辑们都希望《丛书》尽快出版，早日上市。中国载人航天工程办公室的领导和总编委会的编委们则认为，不能为了进度而牺牲质量，以免出现技术性差错。要以航天人“严慎细实”的作风，出版一套科普精品。

按照总编委会的要求，中国载人航天工程办公室和中国宇航出版社又组织有关人员，在三审三校的基础上，对排版清样各自进行了一轮审读。中国载人航天工程办公室组织技术人员进行书稿内容审查；中国宇航出版社组织编辑人员进行编校质量检查。

就这样，这套《丛书》经过五审五校，确保了出版质量，形成了精品图书，于2011年6月出版发行。

《丛书》自出版以来，市场反响良好，迄今已多次重印，累计销量近5万册。除获得国家科学技术进步奖二等奖外，还荣获第三届中国出版政府奖图书奖、第四届中华优秀出版物奖（图书）提名奖、第二届中国科普作家协会优秀科普作品奖（图书类）优秀奖，入选第四届“三个一百”原创图书出版工程等。

这套《丛书》对于普及载人航天科技知识，宣传载人航天伟大成就，提高我国公民的科学素质，增强我国的自主创新能力，推进创新型国家建设，起到了积极的促进作用。

淡泊以自省　超然以深思

——《泊然思絮——栾恩杰论文选编》首发

2022 年 9 月 29 日，中国工程院院士栾恩杰的新作《泊然思絮——栾恩杰论文选编》在北京首发。该书由中国宇航出版社出版。这是继 2009 年《耕天思絮》出版之后，栾恩杰院士出版的第二部论文选编。

栾恩杰院士是我国著名的自动控制技术和航天工程管理专家，参加或主持了我国多个重点型号和多项航天重大工程研制工作，长期主持国防科技工业管理工作。他在我国重点型号从无到有及系列化发展、开辟深空探测新领域等方面，取得了一系列开拓性和创造性成就，为我国型号装备和航天事业发展作出了重大贡献。

《泊然思絮》分上、下两册。上册包括

本文发表于 2022 年 9 月 30 日出版的《中国航天报》。

发展战略思考、深空探索的技术研究、工程方法论的研究、系统工程的研究、以成功报效祖国五部分；下册包括党的信任和委托，领导、战友和家人的鞭策与鼓励，家书与散文，媒体报道摘要，飞天梦圆——纪念载人航天工程圆满成功五部分。

上册作为论文选编的主要部分，收录了栾恩杰院士近10年来撰写的34篇科技、管理类论文，既有关于航天强国的战略思考，又有关于深空探索的技术研究，还有关于工程方法的理论创新。在“深空探索的技术研究”部分，收录了在几个重要节点所作的报告等珍贵资料，深度还原了绕月探测工程的历史；在“系统工程的研究”部分，结合航天工程实践，在总结管理经验的同时，研究适合当下复杂系统工程的运行方法，提出了前瞻性的工程管理理论。

下册作为论文选编的重要补充，栾恩杰院士将参加工作以来的所思、所想、所感、所悟结集成册。同时，书中首次展示了栾恩杰院士在工作、生活中与战友、同事、亲人、朋友的往来书信。

该书内容丰富，收录了许多珍贵的原始资料，让读者重新认识作者所从事的型号装备研制、载人航天、深空探测及外星发射等重大航天工程建设历程，不仅体现了作者在科学道路上的孜孜不倦和真知灼见，更反映了作者投身航天、奉献国防的家国情怀。

科普习作

在策划、组织航天科普、航天文化图书过程中，笔者也参与了部分图书的撰写工作，并将部分精彩内容改写成独立文章，在《太空探索》杂志上发表。

部分收录的两篇文章，即为笔者的科普习作。

“巨浪一号”研制轶事

黄纬禄是我国著名导弹专家，中国科学院院士，中国航天技术创始人之一。曾担任液体地地导弹控制系统总设计师、固体战略导弹总设计师，获得国家科技进步奖特等奖，被中共中央、国务院、中央军委授予“两弹一星”功勋奖章。

1970 年 2 月，黄纬禄担任固体潜地导弹技术总负责人（图 1）。

图 1 黄纬禄院士

本文发表于《太空探索》2020 年第 7 期，合作作者：黄道群，张铁钧。

一、接受“烤”验

潜地导弹不同于地地导弹，主要难点是水下发射。要确保潜艇安全，必须做弹体溅落试验。黄纬禄和设计人员一起，提出了在南京长江大桥上做模型弹溅落试验的大胆设想（图 2）。

图 2　黄纬禄（中）等在南京长江大桥上做模型弹投放试验

7 月底，试验正式开始。首先，要在模型弹壳内粘贴胶囊。在无任何遮拦的露天作业现场，烈日的暴晒使模型弹壳内的温度升到了 50℃左右，壳体内操作空间十分狭窄，胶黏剂挥发出的刺鼻气味令人作呕，加之壳体密不透风，工作环境异常艰苦。技术人员个个光着膀子，穿着短裤，蹲在壳体内进行操作，不到 5 分钟便汗流如注，每过 10 分钟必须换人，否则就会超过人们的忍受极限。

在这样的轮换操作中，年过半百的黄纬禄再三要求进入壳体作业。实在执拗不过，大家才同意他进去体验一次。不过几分钟的时间，黄纬禄已大汗淋漓。看着如同被水浇过的黄纬禄，大家深受感动，一再说："黄总，您这么大年纪，又负这么大的责任，不能再这样干了！"黄纬禄却笑着说："为了入水试验成功，我应当和大家一起接受"烤"验！"

模型弹溅落试验证明，入水深度小于潜艇深度，不会砸着潜艇。

二、自我反思

1972年，固体潜地导弹命名为"巨浪一号"，并进行模型弹水下发射试验。除一发未能发射外，其余各发均获成功，模拟了真弹在潜艇上发射的条件。

正当人们分享试验成功的喜悦时，一位操作手心情却格外沉重。由于他操作失误，导致一发模型弹未能发射。黄纬禄发现这一问题后，主动承担责任。他说："这虽然是一次误操作，却暴露了我们设计上的问题。不怪具体操作的同志，责任首先在我们。我们应该好好反思，为什么在设计时没有充分考虑防错问题，如果在设计上采取了有效措施，即使操作失误，也不应该出现问题。"

根据黄纬禄的要求，设计人员及时修改了电路，消除了隐患。由于黄纬禄主动承担责任，相关单位没有过于追究那位操作手的责任。

三、我来干吧！

由于"文革"干扰，"巨浪一号"研制工作举步维艰，直到1980年，才进入总装测试阶段。在黄纬禄带领下，通过大家的共同努力，终于可以进行陆上遥测弹发射试验了。

经过紧张测试，人们终于迎来发射的时刻。不料，导弹起飞数秒后，异常情况发生了。导弹没有按预定轨道飞向目标，而是在空中"画"了一个大大的"S"形——试验失利了！

黄纬禄主持召开“巨浪一号”总师扩大会，分析首发试验失利的原因，制定确保第二发试验成功的措施。

第二发遥测弹在试验基地装配时，由于没有明确发动机点火引爆器的电缆插头由谁负责，使这项工作无人认领。这是一项危险的工作，存在着遇静电而引爆的可能性。夜深了，任凭黄纬禄苦口婆心地做工作，还是没有效果。怎么办？不能因为这个问题一直僵持下去吧！黄纬禄心想，试验在即，还是自己上吧！于是，他平静而又诚恳地说：“如果你们都不愿意操作，我来干吧！”黄纬禄不怕危险、一心为试验的精神，感动了在场的所有人。有一位同志动情地说：“黄总，您这么大年纪了……还是我来干吧！”僵持局面终于被打破了。

四、按时发射！

1981 年 6 月 17 日凌晨，飞行试验按预定程序进行。黄纬禄离开总指挥所，穿过隧道，爬上山坡，等待着那激动人心的时刻。

“请黄总马上到总指挥所！”忽然，扩音器中传来急促的呼叫声，黄纬禄心头一紧：“不好，有异常情况发生！”他三步并作两步地奔下山坡、穿过隧道。当他进入总指挥所时，离发射时间只有两分钟了！他气喘吁吁地听着发射阵地的简短汇报：

“一级伺服机构反馈电压表指针偶尔出现摆动！请黄总指示！”

黄纬禄的脑子如高速计算机一样超速运转，所有可能引起电压表指针摆动的因素被迅速调取出来。黄纬禄很快镇定下来，拿起话筒，冷静地询问发射阵地的同志：“惯性器件平台怎么样？”

“平台没问题！”

随着对询问结果的快速分析，在两三秒的时间内，黄纬禄当机立断，沉着果敢地下达了命令：“按时发射！”

顷刻间，导弹喷出一团白色的云烟，发出惊天动地的吼叫，腾空而起，直插云霄（图 3）。当人们还在疑惑命令是否正确时，弹着区已经传来捷报：弹头准确命中目标。

图 3　陆上遥测弹飞行试验

五、我的责任

1982 年 10 月 7 日，首次潜艇水下发射试验正在试验基地进行，导弹发射、出水、点火正常，但点火后不久，弹体突然失控，超出安全范围后自毁了。

导弹发出巨响的那一刻，前来督战的张爱萍副总理看到了现场指挥员脸上的沮丧，也看到了黄纬禄眼中的泪水。他对在场的人安抚、鼓励之后，拉着黄纬禄来到舱室单独交谈。

张爱萍镇定、亲切而真诚地说：“我们之间合作多次了，应该说早已是老朋友了,对你的为人和学识,我是非常了解的。这一次没有获得完全成功,也是正常的，你不要有太大的压力。"

黄纬禄:"不管怎么说，我是总设计师，这是我的责任。"

张爱萍:"不能这么说。问题还没有找到嘛。要说责任，我是总指挥，首先我要承担责任。"张爱萍的一席话，使黄纬禄从试验失利的痛心和自责中冷静下来。

张爱萍接着说:"干什么都要交学费的。我们找到了教训，不是为其他同志、为今后工作提供了捷径吗?你是总设计师，当务之急是休息几天，这一阵子你太辛苦了，身体本来就不好，休息一下，再带领技术人员查找原因。"

黄纬禄点头答应了。但他并没有休息，而是连夜带领技术人员查找失利原因。

六、雷震海天

通过黄纬禄与试验队员的共同努力，失利原因很快有了定论。此刻，黄纬禄的意见非常明确:"失利原因已经找到，并采取了相应措施，建议按计划打第二发。"问题解决之神速与建议之大胆，大大出乎张爱萍的意料。

张爱萍找到黄纬禄:"你是不是因为有压力而赶时间?推迟几天，休息一下再发射，是不是更好一些?"

"不!"黄纬禄语气坚定地回答:"我现在没有压力，也不会被压力所左右。我们经过反复检查、分析、试验、测试，以及根据全弹模飞的结论，证实完全可行。我认为，根据我们的知识与经验，该想的都想到了。如果再推迟,也不会有新的进展。至于休息,就是现在想休息,也休息不成啊!"

北京方面打来电话:"是不是再认真检查一下，推迟发射?"

怎么办?大家的目光集中到黄纬禄身上。打，还是不打?黄纬禄经历着艰难的抉择。如果执意要打，万一再不成功，一是无颜面对江东父老，二要承担更重的责任！但是，一旦错过有利时机，会给国家造成更大损失。在个人名利和国家利益的天平上，黄纬禄知道砝码应该加在哪一边。作为导弹总设计师，要具备对祖国高度负责的精神，在事关大局的紧要关头，不允许有任何私心杂念。

黄纬禄拿起电话，向上级汇报自己的想法：“要考虑的问题都考虑了，该做的准备都做了。我认为发射条件已经具备，建议按时发射，不再推迟。如果上级决定推迟，我坚决服从！”

过了片刻，北京方面答复：“我们尊重一线同志的意见。”

10月12日15时1分，我国常规潜艇水下发射第二枚潜地导弹。当操作手按下发射按钮后，导弹迅即跃出碧海，拖着长长的烟龙，直插蓝天，按照设计轨道，以优美的曲线消失在天际，飞向预定海域（图4）。

图4 “巨浪一号”潜地导弹发射成功

“长剑”出鞘，雷震海天。大家欢呼雀跃，激动万分，不约而同地握住黄纬禄的手，表示由衷的祝贺。

黄纬禄和整个型号研制、试验团队的忘我付出，换来了中国第二次核打击能力，使我国在世界上做出“不首先使用核武器”的庄严承诺时，有了足够的底气！

嫦娥五号采样返回为什么采取“接力”方式?

到 2021 年 12 月，圆满完成我国月球探测工程“绕、落、回”三步走任务第三步的嫦娥五号采样返回任务，已成功实施一周年。

嫦娥五号探测器由轨道器、返回器、着陆器和上升器组成（图 1），这个“团队”就像接力队一样，通过“接力”方式，把月球样品送回地球。

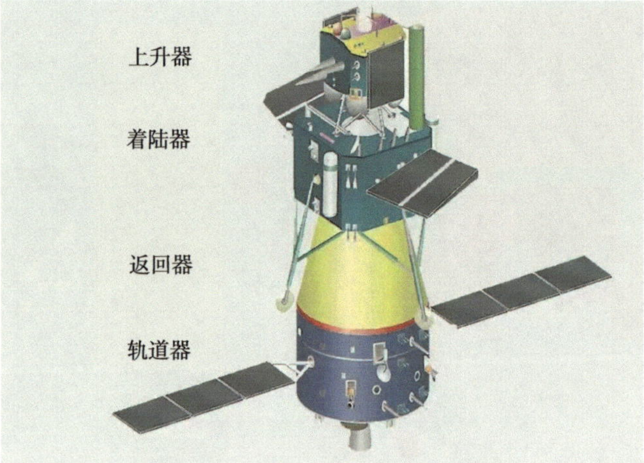

图 1　嫦娥五号探测器示意图

本文发表于《太空探索》2022 年第 1 期，收入本书时有少量修改。

那么，为什么不派一个成员，独自完成“取宝”任务呢？

这是因为采样返回任务工况复杂，无法由一个成员单独完成。团队成员分工明确，各有各的任务：轨道器负责“飞得到”，即与运载火箭分离后，负责把返回器、着陆器和上升器送到月球轨道，完成采样任务后，再把返回器送回地球附近；着陆器负责“下得去”，即到达月球轨道并与轨道器和返回器组合体（简称“轨返组合体”）分离后，负责带着上升器，在月面软着陆，并与上升器一起，完成月面采样；上升器负责“上得来”，即完成采样任务后，带着月球样品从月面起飞，与在月球轨道飞行的轨返组合体交会对接，并把月球样品转移至返回器内；返回器负责“落得下”，即当轨返组合体回到地球附近后，与轨道器分离，再入大气层，把月球样品送回地球。

首先，轨道器的作用相当于太空摆渡车，起着在地月之间往返运输的作用。由于地月之间路途遥远，在飞行过程中需要多次变轨，到达月球附近时，还要进行制动减速，以便被月球捕获；在“拿”到月球样品后，又要通过加速摆脱月球引力，才能飞回地球。这些工作需要轨道器的发动机和控制系统来完成。而返回器没有发动机，不依靠轨道器进行摆渡，无法完成地月往返任务。

其次，由于月球没有大气层，从月球轨道着陆月面，只能通过发动机反推，产生制动力，降低着陆器的速度，以实现软着陆。返回器没有发动机，不能实现软着陆；轨道器虽然有发动机，但是由于轨返组合体质量很大，约 4.5t，着陆月面和从月面起飞，都需要消耗很多推进剂，而轨道器还承担着把返回器送回地球的任务。所以，到达月球轨道后，轨返组合体进行不消耗推进剂的环月飞行，而由着陆器和上升器（简称“着上组合体”）着陆月面（图 2），完成采样任务。

图 2　着上组合体着陆月面示意图

第三，完成采样任务后，需要从月面起飞。而着陆器的质量近 3t，从月面起飞需要消耗大量推进剂。为了减轻起飞质量、减少推进剂消耗，需要把已经完成任务的着陆器留在月面，充当上升器的起飞平台，而由质量约 0.8t 的上升器从月面起飞（图 3），并通过与留在月球轨道的轨返组合体交会对接（图 4），把月球样品转移至返回器内。

图 3　上升器飞离月面示意图

图 4　上升器与轨返组合体在月球轨道上交会对接示意图

最后，要想把月球样品送回地球，必须再入大气层。由于返回器飞行速度非常高，与大气层摩擦会产生很多热量，如果不在外形设计和材料选取方面采取防热措施，返回器会在再入大气层过程中烧毁。只有进行防热设计的返回器，才能安全再入大气层，同时由于其质量较小（约 0.3t），可以通过降落伞减速后，平稳着陆地面（图 5）。而没有进行防热设计的轨道器、上升器均不具备再入大气层的条件。

图 5　返回器带着月球样品返回地面

嫦娥五号月球采样团队经过23天的运行，只有返回器带着月球样品返回了地面；完成任务的着陆器留在了月球表面；上升器移交完月球样品、与轨返组合体分离后，按照地面指令受控离轨，降落在月面预定落点；而轨道器在完成地月往返运输任务后，又被赋予了新的使命，先去探测了日地拉格朗日L1点，再从日地拉格朗日L1点返回了月球轨道，截至月球采样一周年时，仍在月球轨道上运行。

新闻采访

笔者的绝大部分职业生涯，是从事专业图书出版工作。也有过一段短暂的新闻工作经历，即 2003 年 4 月到 2004 年 4 月在中国航空报社担任总编辑。

上任伊始，恰好赶上“非典”疫情传入北京。不论是在 2003 年 5 月的疫情之初，还是在 2003 年 6 月的疫情之中，笔者和同事们依然对航空院士、航空医院进行了采访，并于疫情缓解之后的 2003 年 7 月首次出差，对刚刚成立的第一飞机设计研究院进行实地采访。

一年之内，笔者发表了 50 多篇采访文章，本书收录了其中的 3 篇，在新冠疫情反复无常的今天，作为对战胜“非典”疫情的纪念。希望在不久的将来，人类能像 2003 年那样，彻底摆脱疫情困扰，恢复正常的工作、生活秩序。

振兴航空　动力先行

——访全国人大常委会委员、航空发动机专家刘大响院士

刘大响同志是我国著名的航空发动机专家、中国工程院院士，现任中航一集团科技委副主任，今年3月当选为十届全国人大常委会委员。刘大响院士长期从事航空发动机科研工作，在涡喷七发动机研制，高空模拟试车台建设，第三代、第四代发动机预先研究和我国航空发动机发展战略研究等方面做出了重要贡献，获得国家级、省部级科研成果奖十多项，先后被评为航空工业劳动模范和全国先进工作者，荣获政府特殊津贴和“航空报国金奖”。

日前，全国人大常委会委员、航空发动机专家刘大响院士接受了记者采访。他办公室的书柜里和书桌上整整齐齐摆满了各种专业书刊、参考资料和工具书，在这里，我们感受到他一丝不苟的治学态度和孜孜不倦的钻

本文发表于2003年5月16日出版的《中国航空报》，合作作者：张铁钧，杭晓宁。本文获得中国航空报社2003年好新闻一等奖。

研精神。作为国家863计划航天航空领域专家委员会顾问、国防科工委航空推进技术验证计划专家委员会主任，刘大响院士经常思考的是“中国能不能解决发动机问题？能不能自主研制航空发动机？”“中国如何在比较短的时间内缩短与世界航空发动机强国的差距？”“如何在新世纪振兴我国的航空高科技产业？”我们的采访很快找到了切入点。

首先，刘大响院士强调了航空工业在国防建设和国民经济中的重要地位和作用。刘大响认为，在军事和国防上，以航空武器为主要装备的空中力量已成为打赢现代战争的核心力量；在经济上，航空工业对国民经济和国际贸易发展具有重大的推动作用和巨大的经济效益；在科学技术上，发展航空工业可以牵引带动许多相关专业和科学技术发展，提高我国科学技术发展水平。发达的航空工业是一个国家现代化和技术、经济、军事、政治综合实力的重要标志，是关系国民经济命脉和安全的高科技战略性产业。我国没有独立自主、兴旺发达的航空工业，就难有在国际上的大国地位。今年“两会”期间，作为十届人大代表，他建议国家应明确把航空工业作为国家高科技战略性产业来抓，加强领导，加大投入，重点突破，大力发展。

在谈到航空发动机在航空工业中的地位和作用时，刘大响反复强调，“发动机是飞机的‘心脏’，也是整个航空工业发展的‘动力’。”“发动机问题不解决，飞机是上不去的，航空工业也是难以独立自主发展的，是不完整的。”建设具有中国特色的社会主义，跻身于世界航空工业强国之列，必须加快发展航空发动机产业。

刘大响院士认为，发动机是知识密集型、军民两用高科技、高附加值产品。它不仅对军机作战能力和战争胜负有重大影响，而且对科学技术、国防建设和国民经济发展都有重大的推动作用。航空动力是一个国家科技水平和综合国力的重要标志之一，也是发达国家重点发展的高科技产业，是对外严密封锁的核心关键技术。

目前，世界航空发动机技术正呈加速发展态势，美、英、法、俄等国在重视教育、科技和工业发展的同时，对航空动力技术预先研究给予高度重视，相继开展了一系列大型研究计划。美国航空发动机发展已达到世界领先水平。他列举了美国在研制第四代发动机的同时，在 1988 年至 2003 年投入 50 亿美元，由军方、联邦政府及工业界联合实施的“综合高性能发动机技术计划”以及在此基础上正在制订其后续计划——“经济可承受的多用途先进涡轮发动机计划”。

在谈到要充分认识航空发动机研发工作的复杂性和规律性时，刘大响强调,一定要贯彻“动力先行,预研先行”的方针。他说,航空发动机在高温、高压、高转速、多变化的恶劣条件下长时间工作、反复使用,既要性能先进,又要可靠性高、寿命长、成本低。航空发动机的技术复杂、难度大，研制周期比飞机机体更长，花费资金更多，必须提前飞机 5 ~ 10 年开展预先研究和技术验证，相对独立地先行发展。如果等确定了飞机型号再研制发动机，其结果必然是发动机研制赶不上飞机研制的进程，最后不得不买装外国的发动机，从而陷入不断引进、不断测绘仿制的恶性循环，受制于人。更何况先进产品和技术是买不来的，国际形势紧张时期更是如此。而且，在发动机型号研制之前，必须提前进行预先研究，掌握一定的技术储备。否则，将有很大的技术风险，不仅会使投资加大，周期拖长，最后还可能拿不到合乎要求的发动机。因此,必须遵循客观规律,制定中长期发展规划,加大投资力度，建立高水平的设计体系、数据库和仿真系统等必要的技术基础，走核心机 / 验证机派生发展道路。

为了探索我国航空发动机产业发展之路，他一方面密切关注当今世界航空发动机领域的前沿技术和发展趋势；一方面呼吁国家加大对航空发动机科研工作的支持力度。他亲自主持完成了“2020 年我国航空动力发展战略研究”和“加快我国航空动力发展的思考和建议”课题研究，并得到国务院、中央军委以及政府有关部门的高度重视和大力支持，对我国航空发动机研究和发展起到了有力的推动作用。刘大响在他的研究报告中提出了我国航空动力的发展思路：本着“需求牵引、技术推动，加强预研、打好基础，集中力量、重点突破，自主创新、形成体系，瞄准前沿、跨越发展”的指导原则，通过20年的努力，攀登“三个技术台阶”，建立完善中国自己的项目试验验证设计体系，完成从测绘仿制到自行研制和从动力大国到动力强国“两个战略转变”，基本形成军、民、燃机三大支柱产业，扭转我国航空动力落后的被动局面，实现以军用发动机为主线，军、民、燃机协调发展的“三步走”战略。

不断提高我国航空发动机行业的研制技术水平，是刘大响一生孜孜追求、不懈奋斗的事业。他坚信，这一事业的前景是无限光明的，有党和政府的高度重视，有一个科学、合理、长远的发展战略规划，只要我们抓住机遇，真抓实干，一步一个脚印地向前走，就一定能够实现我国航空发动机产业跨越式发展的战略目标。

非常时期的特殊战场

——航空中心医院防治“非典”纪实

去冬今春，一场烈性传染病突然爆发。广东告急！香港告急！！北京告急！！！……一种前所未闻的新型冠状病毒，以极快的速度传播蔓延，世界上有32个国家和地区、中国内地有26个省份先后报告有非典型肺炎病例。而中国内地是世界上的重灾区，首都北京是中国内地的重灾区。

全国人民在党中央、国务院的直接领导下，打响了一场抗击“非典”、保卫家园的没有硝烟的人民战争。中国航空工业中心医院，作为航空工业系统在北京抗击“非典”的前沿阵地，反应迅速，决策果断，指挥有力，措施到位，与本系统和本地区的职工群众一起，取得了抗击“非典”的阶段性胜利。在两个多月的时间里，为航空系统职工及当地群众煎制预防“非典”中药15万袋，接诊、排查发烧患者2000多人次，收治、留观发烧患者53人，转院确诊“非典”患者15人、疑似“非典”患者17人。在该院，发烧患者无一例死亡，来医院就诊的其他患者和全院职工无一例感染。

本文发表于2003年6月13日出版的《中国航空报》，合作作者：张铁钧，承京。

一、不打无准备之仗

早在3月下旬，当“非典”尚未大面积扩散、人们对此还没有充分认识时,航空中心医院已经开始着手准备工作。在上级卫生部门正式发布“非典”临床特征信息之前，他们已组织医务人员搜集资料，学习研究，总结、整理出了“非典”临床诊断标准，让医务人员在工作中掌握。

4月初，北京已经公开报道有输入性“非典”病例，政府也召开了新闻发布会，不过当时的气氛还不十分紧张。而航空中心医院出于职业的敏感，已经觉察到形势的严峻性，一方面积极采取预防措施，准备中草药和防护用品；一方面在全院进行战前动员，让全体医务人员深刻认识到，在国家和人民最需要的时刻，医务人员必须无条件服从，义不容辞地履行救死扶伤的职责；他们抓紧培训工作，举办消毒隔离培训班，先后培养了几十名业务骨干。

在大规模疫情到来之前，航空中心医院已经做好了精神、物质和技术方面的充分准备。

二、疫情就是命令

“非典”是一种新型传染病，传染性强，死亡率高。由于对这种病缺乏认识，在疫情暴发初期，医务人员被大量感染，有不少人还以身殉职。这一突发事件，不仅在社会上引起极大恐慌，在医务人员中也引起了严重不安。在医务界,虽然绝大多数医务工作者能泰然处之,但惊慌失措者有之,临阵脱逃者也有之。

在这种情况下，如何才能稳定军心，让医务人员勇敢面对，航空中心医院党委做了大量的思想政治工作，让广大医务人员把这个问题提高到政治高度、法律高度和民族高度来认识。

医院党委多次召开党员大会、干部大会、全体职工大会，反复动员，层层发动。他们组织大家学习党中央、国务院领导同志的重要指示，深刻认识防治“非典”是全党全国的重大政治任务，是和平时期一场没有硝烟的战争，疫情就是命令，医院就是战场，医务人员就是战士，在关键时刻必须冲锋在前；他们组织大家学习《执业医师法》，让广大医务人员明白，在国家和人民遭遇突发事件、自然灾害和重大疫情时，执业医师必须无条件服从需要，义不容辞地履行救死扶伤的天职和义务；他们召开主题为《抗击“非典”，神圣职责，义不容辞》的干部例会，让大家认识到，这一疫情关系到我们民族的兴衰成败，医务工作者是这场战争的中坚力量，必须不辱使命，为祖国荣誉而战，为民族生存而战。医院党委要求各党支部发挥战斗堡垒作用，全体共产党员发挥先锋模范作用，在这场战争中用实际行动秉承党的宗旨，践行“三个代表”重要思想，用热血履行入党时的庄严誓词。

思想是行动的力量源泉。经过深入动员，成效显现了。干部大会刚刚结束，外科党支部的16名党员率先向党委递交了上抗击“非典”一线的请战书，继之，各党支部的请战书、决心书、保证书像雪片一样向党委飞来。党员带头，群众也不甘示弱，大家群情激昂，奋勇争先，决心在抗击“非典”斗争中建立新功。在生死考验面前，全院职工没有一个临阵脱逃，申请上一线的医务人员几乎达到了100%。

4月9日，发烧门诊建立起来了；4月16日，发烧病房运转起来了；4月18日，支援朝阳区的21人医疗队组织起来了……

截至目前，已有82人在抗击“非典”一线战斗过或正战斗在第一线，其中有共产党员21人，入党积极分子14人，还有7名医务人员在一线递交了入党申请书，要求火线入党。

三、坚强的领导集体

要想在战争中争取主动，必须有一个坚强的领导集体。4月初，“非典”袭入北京不久，航空中心医院便成立了以院长兼党委书记张萍同志为组长的抗击“非典”领导小组，对疫情进行了分析研究，制订了抗击“非典”的工作计划和应对预案，严明了抗击“非典”时期的工作纪律，明确了领导成员的职责分工。

在领导小组中，张萍院长年龄最大。她虽然是个女同志，但工作起来风风火火，处处显露出干练和果断，具有敢为人先的超前意识和驾驭全局的领导能力。她负责抗击“非典”的全面工作，既要对外联络沟通，又要对内指挥协调。在这段特殊日子里，她把全部心血都投到了抗击“非典”工作中。在购置防治药品、成立发烧门诊、组建发烧病房等关键问题上，她的果断决策起到了积极的促进作用。她对领导班子成员及各自分管的职能部门进行了具体分工，并根据疫情需要随时召集会议，沟通情况，及时调整。

根据分工，主管业务的副院长王寿岚同志负责医疗诊治工作，他带领一线医护人员对“非典”患者进行科学救治；院长助理、副主任医师张留印同志会同医务处、护理部进行具体的信息沟通、医疗会诊、安全转运等工作；院长助理原春青同志主抓药局、药库工作，专管药品的采购、供应、协调等事项。

隔离消毒工作由另一名业务副院长石萍同志负责，防止就诊患者与本院职工交叉感染。在护理部的配合下，预防保健科主任、护士长亲自举办多种形式的学习班，对可能接触“非典”患者的所有人员（包括卫生员、电梯员、收银员、驾驶员）进行防护培训和教育；组织相关科室人员，对观察隔离区内的垃圾污物进行严格管理，指定专人消毒封口、清理运转，领导亲自到场监督；彻底清理卫生死角，对全院所有区域定期消毒。

后勤保障工作由王文标副院长负责。他除了负责医院门诊大楼的基建工作外，主要承担了为一线人员提供后勤保障的任务。他带领物资处、总务处等后勤人员，为组建发烧隔离病区夜以继日地工作，打临时隔断，购医疗设备、消毒物资和隔离物资，尽一切努力保证一线人员的工作和生活。

此外，张萍院长亲自率领党、政、工、团等职能部门人员，放弃节假日休息，投入到紧张的支援一线工作中。早期防治阶段就指派办公室、人事处、工会等主要领导，协同药局购置防护药品；其他同志全部参与具体的防治工作，抓中药、煎中药，有计划、有步骤地为本系统职工和本地区群众分发预防“非典”药品；党办紧跟形势，深入一线及时开展宣传动员和思想政治工作；由党办、人事处、经营办三个部门组成的为一线服务小组，帮助一线人员解决思想、生活、物资供应等问题；全院各科室心系一线，开展送鲜花、送蛋糕、送各种营养品的活动，为一线人员提供最好的物资保障和精神食粮，把一颗颗爱心献给一线医务人员。

4 月初，张萍院长外出开会期间，为一线人员购买了 100 支丙种球蛋白；区人大常委会副主任来看望她，她把 1000 元慰问金全部捐给一线购买营养品；一线人员过生日，她带领各级领导送蛋糕去祝贺；一线人员下来休整，她和其他领导捧着鲜花去慰问。当一线人员看到一束束鲜花时，都激动得流下了眼泪。一线人员动情地说，院领导处处为我们着想，不惜一切代价保证我们的健康，他们的所作所为，体现了“三个代表”重要思想，真正做到了“以人为本”，有这样的领导，我们冲锋陷阵，在所不辞。

四、“关键时刻让我上！”

4 月 27 日，由于床位不够，医院决定将住院部整个六层改为发烧病房，在从四层向六层转运病人的过程中，由于劳累过度，病房主任李伟大夫晕倒了，气氛一下变得十分紧张。本来大家对这种疫病就很恐惧，加上在里面工作处于隔离状态，工作条件差，劳动强度大，大部分又都是女同志，她们看到主任晕过去了，马上像没了主心骨，不少人都瘫坐在地上、椅子上。这时，还有一位重症患者没有转运，情况十分危急。

在这关键时刻，正在组织搬运的院长助理张留印挺身而出，他连家人都没来得及告诉一声，就穿好隔离服，主动进入了发烧病房。进去后，他首先稳定医务人员的情绪，然后带领大家继续工作。这位重症患者对工作缺乏配合，不带口罩，又不停地咳嗽，许多人不敢上前。张助理自告奋勇，带领其他四位同志，将这位病人安全转运到新病房。还有一位发烧患者，是从内科转过来的，他思想压力很大，一转到发烧病房，就打开窗户要往下跳。这时，张助理顾不上危险，冲上前去，一把抱住他，把他救了下来，后来这位患者对医院的治疗工作很满意。张助理还针对发烧病房的特点，将查房人数由平时的 5 人减为 3 人，以降低医务人员的感染概率。在病房，张助理不断强调，医务人员要按操作规程办事，采取严密措施，加强自身防护。张助理的到来,不仅稳定了军心,更增强了大家战胜“非典”的勇气。张萍院长得知此事后，激动地说:“张助理没有辜负党多年的培养，值得我们骄傲。”

张助理对记者说:“发烧病房的工作人员实在太辛苦了，每人要穿四层隔离衣，戴两层口罩，两副手套，一副护目镜，浑身上下都让汗水湿透了不说，连护目镜上都是雾气，给患者输液、扎针，都是在朦胧中进行的，刚开始很不习惯，后来才慢慢熟练了。”

在张助理离开发烧病房后,原春青助理又主动要求上了一线。她说:“组织上培养了我，关键时刻我必须上。”她进入病房后，与其他医务人员一起共同值夜班。在一线人员隔离生活区，记者见到了这位热情、直率的青年女大夫。她对记者说，院领导“不惜财力，确保健康”的方针，极大地鼓舞了一线人员的斗志，现在大家情绪都很高涨，对胜利充满了信心。记者在隔离生活区也切实体会到，其中不再有恐慌和哀伤，而是充满了温情、亲情和欢乐。

五、“我们的位置应该在这里”

在一线的医务人员中，不少人都克服了重重困难，他们舍小家为大家，在关键时刻表现出了无私奉献的高尚品质。他们当中，有的婚期将至，推迟举办；有的新婚燕尔，天各一方；有的孩子很小，没人照看；有的小孩升学，不能辅导；有的亲人生病，难以陪护；有的老人去世，无法送终……

青年大夫王振宇，在一线得知母亲得了癌症，精神受到很大打击。但他知道，忠孝不能两全，有国才能有家，在祖国最需要的时候，自己的位置应该在医院。他强忍悲伤的心情，继续战斗在抗击“非典”第一线。

共产党员高天师是CT室主任，他主动请缨，冒着被“非典”感染和被X射线辐射的双重危险，进入发烧病房为患者拍片，在为急于转运的两位患者消毒X光片时，眼睛被紫外线灼伤，造成电光性眼炎。但他轻伤不下火线，点上眼药后继续工作。当记者见到这位年过半百的副主任医师时，他的眼结膜仍在充血。

老专家何镜文已年过花甲，但她不顾年老体弱，带头上了一线。在休整期间，她又提出申请，要求第二次上一线，决心以自己的医术和经验，为抗击“非典”发挥余热。

记者在采访时，恰逢医院领导为一线大夫孟晓峰祝贺生日。这位34岁的青年大夫对记者说：“今天，是一个不寻常的日子，我度过了34岁生日，也迎来了另一个新的起点。我已郑重递交了入党申请书，让党组织在关键时刻考验我吧。”

六、“我们就是你们的亲人”

在航空中心医院的发烧病房里，住满了隔离观察的发烧患者。由于病房处于完全隔离状态，患者家属不能陪护，而原来的护工由于害怕感染“非典”，都相继辞职了。这样，除了治疗、护理等正常工作外，照顾患者生活的担子也落到了医务人员的肩上。

共产党员、护士长董玉霞带领几位护士，在病房里从早忙到晚，他们除了为患者打针、输液外，还要给病人喂水喂饭、端屎端尿、清洁消毒、处理污物。按照卫生局的要求，在处理患者的大小便时，须用消毒液充分搅拌，再密封两小时，才能最终排放处理。这项工作既脏又累，危险性大，为了减少其他医务人员感染的机会，董玉霞护士长毅然承担起了这项最危险的工作，而且做得一丝不苟，认真负责。

患者对“非典”疫病十分恐惧，害怕得吃不下饭、睡不着觉，又因在隔离区,无法与亲人沟通、交流,十分孤独。病房主任李伟大夫劝导他们:“现在我们医患组成了一个共同的集体，我们就是你们的亲人，你们有什么要求尽管给我们提，有什么话尽管对我们讲，我们只有团结起来，共同努力，才能战胜‘非典’；也只有你们的病治好了，我们大家才能与亲人团聚。”

七、“零感染”背后的“秘密”

在这场疫情流行过程中，医务人员感染率最高，曾一度占据感染人群的首位。而航空中心医院却取得了“零感染”的“奇迹”,是北京少数几个“零感染”医院之一。

这样的成绩是如何得来的？记者在采访中了解到，“以人为本”的指导思想和“及早预见，积极预防，经常消毒，严密隔离，不惜财力，确保健康”的具体做法，为“零感染”打下了坚实基础。

在“非典”流入北京之前，该院已预见到有可能在北京大规模流行，于是及时组织采购组外出购置防护药品、防护用品和消毒液，在“非典”愈演愈烈之时，医院制订了严密的隔离措施，发烧门诊和发烧病房曾几度搬家，以达到严格隔离的标准，并对全院职工进行预防培训，对所有区域每天两次消毒。为了确保广大医务人员的身体健康和生命安全，保护有生力量，医院不惜动用多年的财务积蓄，为全院职工注射胸腺肽，发放抗病毒含片、免疫氨基酸及各种营养品，为一线人员注射丙种球蛋白，发放换洗的睡衣，赠送各种营养食品和饮品，以提高大家的免疫力和战胜“非典”的信心。他们在购置防护服、口罩、护目镜、手套、鞋套时，也不惜成本，引进质量最好的产品，以使防护效果更佳。

他们深深懂得：人的生命是最宝贵的，钱花了可以再挣，而人死了则不能复生；保存自己是为了更好地消灭“非典”；只有把一线人员防护好，大家才更有信心上一线。在短短两个月时间里，他们投入了400多万元购置床头X光机、检验设备、空气净化设备、消毒设备和各种防护用品，而这个期间的医疗收入则下降了一半以上。

八、团结就是力量

在抗击“非典”的日子里，航空中心医院心系患者，关心本系统、本地区职工群众的身体健康和生命安全，不仅为本系统在京单位数万职工提供了大量的口服预防中药和大批口罩、温度计、消毒液等防护物资，还向来广营乡政府赠送价值2万多元的中药，向某建筑工地赠送价值5万多元的中药，医院领导还代表医院到朝阳区卫生局、来广营乡、洼里乡前去慰问。

各个方面对医院的工作也给予了大力支持和帮助。在形势最危急、压力最大的时刻，集团公司的领导来了，区乡政府的领导来了，兄弟单位向医院捐物，职工群众向医务人员捐款，新闻单位也给予医务人员以精神上的鼓励。

4月26日、27日，刘高倬总经理、张彦仲总经理分别代表中航一集团党组、中航二集团党组，各向医院赠送了50万元慰问金，以支持医院抗击“非典”的斗争；中航一集团办公厅主任带领总部机关有关同志专程到医院慰问一线人员，勉励大家奋力打好这场攻坚战；朝阳区副区长前来慰问，带来了600多箱鲜奶；来广营乡领导前来慰问，带来了600多箱蔬菜；清河营村村民捐赠5000多元钱，指定要送给航空中心医院；航空两大集团的机关职工也都以个人名义向医院捐款；中航技总公司向医院捐赠了一辆救护车，以满足救治患者的需要；《中国航空报》对医院抗击“非典”的工作进行了跟踪报道，给一线人员以精神上的支持和鼓励。

张萍院长激动地对记者说：“我们为患者、为社会做了一些应该做的事情，却得到各方面的关心与厚爱，这更增强了我们战胜‘非典’、为群众服好务的决心与信心。”

九、把损失降到最低点

“非典”，给国家和社会带来了巨大的损失，对医院工作也产生了不小的负面影响，使医院投入加大，收入减少。据统计，两个月来，门诊人数和住院人数急剧下降，门诊由平时每天接诊 1200 人左右下降到 400 多人，住院人数由最多时的 250 多人下降到 120 多人。尽管如此，航空中心医院依然做到两手抓，一手抓防治“非典”不放松，一手抓医疗诊断不动摇，尽量把“非典”带来的损失降到最低点。除此之外，医院还继续抓好门诊大楼的基建工作，抓好本系统京区医疗资源的整合工作，抓好安全生产月工作，做到防“非典”、保稳定、促发展，在连续 5 年以 30% 增幅跨越式发展的基础上，争取“盖大楼，办‘放心’，争三级”目标的早日实现。

十、从抗击“非典”斗争中汲取精神动力

记者在采访医务人员的过程中，听到最多的是：我们有一支率先垂范、身体力行的领导班子，有一个临危不惧、沉着果断的坚强党委。而在采访院领导时，我们听到更多的是：我们有一支特别能战斗、敢打硬仗的医务人员队伍，在这场斗争中，大家表现出了极大的凝聚力、战斗力和献身精神，表现出了中华民族的向心力、医务人员高尚的医德医风和航空人良好的精神风貌。有位医务人员感慨地对记者说：“在这场斗争中，在大家这种无私无畏、顽强拼搏的精神感召下，我们的心灵得到了一次净化。”

有所失必有所得。人们在为“非典”付出沉重代价的同时，也获得了宝贵的精神财富，而在这个非常时期创造的精神财富，必将在以后的工作和生活中发扬光大。

中国新支线飞机的摇篮

——中航第一飞机设计研究院采访见闻

最近，记者走访了刚刚成立的中航第一飞机设计研究院（简称第一飞机研究院）。该院总部坐落在古城西安的阎良区，这个区集飞机设计、制造、试飞机构于一地，具有“中国飞机城”的美称。第一飞机研究院雄厚的实力、优美的环境和干部职工良好的精神风貌给记者留下了深刻的印象。

一、新支线客机何时上天？

在研究院宾馆，记者见到了该院副院长、某重点型号总设计师吴光辉[①]研究员。当记者问起新支线客机能否按计划上天时，吴光辉谈到，凭我们的科研实力和技术储备，加上有以前型号研制的经验教训，2006 年新支线客机上天不是问题。问题的关键在于市场开拓，像这样的商用飞机至少应有 30 架的先锋订单，以降低飞机的经营风险。

本文发表于 2003 年 8 月 1 日出版的《中国航空报》，合作作者：张铁钧，谷平。本文获得中国航空报社 2003 年好新闻二等奖。

① 吴光辉现任 C919 飞机总设计师，2017 年当选为中国工程院院士。

二、几十年硕果累累

在第一飞机研究院，有一个精美的展室，室中陈列了该院的前身——原六〇三所和原六四〇所几十年来所取得的丰硕成果。黄强[①]院长首先将记者带到了这个展室，张亚平副院长如数家珍地介绍了两所在我国航空工业史上的数个第一：我国第一代支线客机——“英俊少年”运七，第一架大型喷气客机——运十，第一架空中预警机——“空警一号”，第一代歼击轰炸机——“中国飞豹”。

在新的历史时期，原六〇三所的三大任务有两项已经圆满完成。一个是事关国家安全、提升我国国防现代化实力的某重点型号任务要按期首飞，一个是二次建所。当时这两项重点任务被称作是“两条火线”，全体干部职工以临战的姿态、大无畏的精神和钢铁般的意志，将“两条火线”的战斗演绎得精彩纷呈，硬是在短短的时间内将这两项如山重任按计划节点圆满完成，创造了六〇三所新的奇迹。第三大任务是强所富民，现在随着第一飞机研究院的成立，正一步步向前推进。

辉煌的过去已成为历史，现在，第一飞机研究院又站到了一个新的起点。据政治工作部闫副部长介绍，该院采用国际最先进的计算机软件，掌握了计算机三维设计、电子虚拟装配和产品数据化管理等最新的技术手段，西安、上海两地之间实现了网络无纸化办公，大大提高了工作效率和工作质量，该院的设计手段和科研实力已与国际接轨。现在，该院承担了多个国家重点型号和新支线客机“ARJ21”、通用飞机“小鹰500”的设计任务，全院干部职工正以饱满的工作热情向新的高度冲刺。据黄院长介绍，暑期过后，院里又要恢复每周六天工作制。

---

① 黄强现任四川省委副书记、省政府省长。

三、人才是事业发展的基础

第一飞机研究院之所以取得这么多的科研成果，与原来两所各有一支出色的人才队伍分不开。院里不仅涌现出了徐舜寿、程不时、陈一坚等著名设计师，也培养出了大批的青年科技人才。为了鼓励青年科技人员出成果、出人才，原六〇三所设立了“徐舜寿青年科技进步奖”，至今已评选了十届，第一届一等奖获得者唐长红[①]现在已成长为副院长、院总设计师和某重点型号总设计师。为了留住人才，院里还出台了很多政策，鼓励青年科技人员在此建功立业。当记者问一位33岁的青年工程师住多大房子时，他没有直接回答，而是要记者猜猜看，当记者鼓足勇气猜了八九十平方米时，他笑了笑说:“你猜的只是个零头，我即将入住的房子是194平方米。”像他这样在分房时享受奖励政策的青年科技人员就有近百人。

四、花园？公园？研究院？

参观完展室，院领导陪同记者游览了院区环境。置身在这个优美的环境里，记者有点怀疑自己是在花园、公园，还是在研究院？宽敞的新院区矗立着雄伟的科研楼，楼前，红旗迎风招展，小路曲径通幽，广场绿草如茵，湖面波光粼粼，水中鱼群翻腾，水面鸭群游动，荷塘蛙声悠扬，藤架新枝待发。黄院长告诉记者，新院区的建设思想就是要集中建筑，留出空地，美化院区，给职工创造一个优美舒适的工作环境。现在，不仅职工对这个环境很满意，就连家属也很向往，每到傍晚，职工带着家属三三两两地来到院区散步，观赏院区美景，呼吸新鲜空气，享受美好生活。对本院职工、家属来说，院区已经取代了阎良区的公园。张副院长向记者透露，黄院长对环境工作非常重视，院区建设凝结着他大量的心血，他出差时也忘不了考察当地的环境，自己还购买了不少园林方面的书籍，就连哪个地方种什

---

① 唐长红现任运-20、轰-20总设计师，2011年当选为中国工程院院士。

么树，他都要亲自过问。黄院长常说，现在我们的科研实力和设计手段已经与国外相差无几，但我们的科研环境却与国外相差很大，我们方方面面都要赶超世界先进水平，不仅要设计一流产品，也要创造一流环境。

五、羽毛球双打冠军

晚上，受研究院邀请，去院里的临时体育馆打羽毛球，恰巧遇到黄院长也在打球。院办的小张告诉记者，黄院长非常喜欢体育运动，经常参加院里的体育比赛，上半年还获得了职工羽毛球比赛双打冠军。他要求院长办公会的全体成员每周参加一次体育锻炼，以增强体质，提高效率，增加与群众接触的机会。黄院长来到记者身边，向记者聊起了院里的体育活动。他说，阎良这个地方相对比较封闭，经常开展体育活动，不仅能使职工提高身体素质，节省医疗费用，提高工作效率，还可以增强全院的凝聚力、向心力、战斗力。我们马上就要开展一年一度的职工排球循环赛，大约历时两个月，有 30 个球队参加，300 多名职工直接参加比赛。正在这时，有位职工向黄院长建议，院里能否开辟一个地方，开展适当的文艺活动，黄院长痛快地答应:“你这个建议很好，院有关部门最近正抓紧办理此事。”

六、“班子团结是老百姓的福分”

第二天，就要离开第一飞机研究院了，院里派司机刘师傅送记者去车站。路上，刘师傅又告诉记者许多鲜为人知的故事。刘师傅说:“这个研究院的领导班子历来都很团结，风气很正，大家相互支持，配合很好。特别是原六〇三所老所长李洪毅，非常关心这个单位的发展，他在研制任务不足的时候，及时调整各室的领导班子，让年轻人挑大梁，室领导换完后，又调整所领导班子，使领导班子年轻化。等任务多起来的时候，年轻人已经锻炼出来了。路都铺好了，李所长也及时隐退了，给新班子打下了一个良好的基础。黄所长接班后，又承接了很多重点任务，使这个单位的发展越来越好。黄强在担任副所长时，主抓民品，为了一桩经济纠纷，曾冒着生命危险两次去新疆追款，你现在坐的这辆车就是索赔回来的。通过这件事，他本人也得到了锻炼。一般人与领导接触少，可能对领导不了解，我经常给领导开车，知道领导有多辛苦，那真是为了单位把家都扔了。”刘师傅最后感慨地说道:“领导班子团结，为老百姓办事，就是老百姓的福分。”

七、明天更美好

虽然在第一飞机研究院只有一天多的时间，但这里的一切都给记者留下了美好的印象。记者所接触到的人都显示出敬业、干练、向上的精神。记者相信，第一飞机研究院有一个团结务实的领导班子，有一支蓬勃向上的职工队伍，有一套世界领先的设计手段，有一个舒适优美的科研环境，有一种革命加拚命、永不服输、勇于超越、敢于创新的“飞豹精神”，在这个充满生机的年代里，一定会创造出更加光辉灿烂的明天。

附　录

除了撰写相关文章，笔者还参与了部分图书的创作、翻译工作，出版著译18种，其中合著1种、担任副主编的5种、参与编写7种、合译2种、参与译校3种。

笔者担任责编和作者的图书，有10个项目17次获得各种奖励。

附录一 出版著作书目

序号	书 名	著作方式	出版单位	出版时间
1	《生产系统分析与控制》	合译	航空工业出版社	1991 年 10 月
2	《管理者人际关系速决 500 例》	合译	航空工业出版社	1992 年 2 月
3	《国防科技名词大典·航空》	副主编	航空工业出版社	2002 年 1 月
4	《科技图书编辑手册》	参与编写	中国铁道出版社	2004 年 4 月
5	《太空出舱》	参与译校	中国宇航出版社	2007 年 5 月
6	《星际迷航》	参与译校	中国宇航出版社	2007 年 6 月
7	《空间环境》	参与译校	中国宇航出版社	2009 年 2 月
8	《航天科技人才成长之路》	参与编写	中国宇航出版社	2011 年 8 月
9	《揭秘"天宫"》	副主编	中国宇航出版社	2012 年 7 月
10	《航天型号可靠性守则》	参与编写	中国宇航出版社	2013 年 12 月
11	《做幸福的航天人》	参与编写	中国宇航出版社	2015 年 1 月
12	《中国航天人的故事》	副主编	中国宇航出版社	2015 年 12 月
13	《中国航天老照片》	参与编写	中国宇航出版社	2015 年 12 月
14	《感知地球——卫星遥感知识问答》	参与编写	中国宇航出版社	2018 年 3 月
15	《仰望星空——航天基础知识问答》	参与编写	中国宇航出版社	2020 年 12 月
16	《探测月球——嫦娥探月知识问答》	副主编	中国宇航出版社	2022 年 1 月
17	《黄纬禄的故事》	合著	中国宇航出版社	2022 年 1 月
18	《商业航天发展战略及途径研究》	副主编	中国宇航出版社	2022 年 9 月

附录二　获奖图书书目

序号	获奖图书	获奖身份	获奖名称	颁奖单位	获奖年份
1	《航空制造工程手册·飞机机械加工》	责编	科学技术进步奖二等奖	中国航空工业总公司	1997
2	《中俄中乌民机气动技术合作研究》	责编	科学技术进步奖二等奖	中国航空工业总公司	1998
3	《航空制造工程手册》	责编	“全国优秀科技图书奖”暨“科技进步奖（科技著作）”三等奖	新闻出版署	1999
4	《国防科技名词大典》	责编、作者	国防科学技术奖一等奖	国防科学技术工业委员会	2003
5	《国防科技名词大典》	责编、作者	科学技术进步奖一等奖	中国航空工业第一集团公司	2003
6	《国防科技名词大典》	责编、作者	第十一届全国优秀科技图书奖一等奖	新闻出版总署	2003
7	《中国载人航天科普丛书》	责编	第二届中国科普作家协会优秀科普作品奖（图书类）优秀奖	中国科普作家协会	2012
8	《中国载人航天科普丛书》	责编	第四届中华优秀出版物奖图书提名奖	中国出版协会	2012
9	《中国载人航天科普丛书》	责编	第三届中国出版政府奖图书奖	国家新闻出版广电总局	2013

序号	获奖图书	获奖身份	获奖名称	颁奖单位	获奖年份
10	《中国载人航天科普丛书》	责编	第四届“三个一百”原创出版工程	国家新闻出版广电总局	2013
11	《绕月探测卫星飞行控制》	责编	第四届“三个一百”原创出版工程	国家新闻出版广电总局	2013
12	《揭秘“天宫”》	作者	第六届北京市优秀科普作品奖	中共北京市委宣传部	2013
13	《中华民族的航天梦》	责编	全行业优秀畅销书	中国书刊发行业协会	2013
14	《中华民族的航天梦》	责编	2014年向全国青少年推荐百种优秀图书	国家新闻出版广电总局	2014
15	《中国载人航天科普丛书》	责编	国家科学技术进步奖二等奖	中华人民共和国国务院	2015
16	《中国航天人的故事》	作者	2017年向全国青少年推荐百种优秀图书	国家新闻出版广电总局	2017
17	《感知地球——卫星遥感知识问答》	作者	2020年全国优秀科普作品	科技部	2022